U0142615

素養導向
數學教學實務 ①

謝如山 ——— 著

國立臺灣藝術大學 出版

五南圖書出版公司 印行

推薦序
Foreword

　　與如山教授的緣分，是在 1998 年我於伊利諾大學香檳校區擔任訪問學者期間，那時如山教授就讀該校教育學院課程與教學系博士班，主修數學教育與測驗統計。在相處的過程中，其熱心助人的特質，令人印象深刻。尤其與他一同前往美國教育研究年會（AERA）參加研討會，適逢曾志朗部長、吳京部長與林文律教授等，這一段旅程，仍歷歷在目。如山教授素有改變教育之大志，自美學成歸國後，盡心盡力於數學教育的研究、教學與推廣，時光如梭，一晃眼，已有二十多年了。二十多年的深耕，終有令人敬佩的成就，今欣聞其新書出版，倍感榮焉，遂為之序。

　　個人以為師資培育與教育革新是不斷改變的過程，師資教育的成敗，取決於師資培育機構於職前教師的篩選，如人格特質、學習動機、智力水準、表達能力等多方面的展現，而數學教學的職前培訓，更是基礎教育學科重要的一環。其後數學教師的教學專業表現，更有賴初任教師導入輔導以及資深教師的在職專業成長機制。

　　108 年課綱著重素養導向的實踐，個人畢生致力於初任教師導入輔導以及資深教師的在職專業成長的研究，認為師資培育應要永續傳承與持續發展。於教學輔導機制的兩個角色，教學輔導教師與夥伴教師（多為初任教師，亦可為自願成長的教師），夥伴教師在初入職場時，固然需要教學輔導教師的專業支持與協助；教學輔導教師亦要永續地發展其專業職能，才能勝任薪火相傳的工作。而本書所呈現的教學理論與實務智慧，落實在數學教學的專業，能提供夥伴教師初始於數學課堂的協助，亦能有利於教學輔導教師檢視數學教學的脈絡，而產生自我革新與成長的功能。

　　本書的八個章節，從第 0 章〈數學教師的專業內涵〉，對於數學教學專業知識的陳述，能給予教學輔導教師數學教學的方向，亦能帶給夥伴教師在教學發展的標的。於第 1 章〈數學教學的趨勢〉，從實務的教學歷程，

釐清傳統教學與開放性教學於教學信念、教師教學、課程設計、學生學習、評量方式、理論依據的不同。第 2 章〈數數的教學實務〉、第3章〈整數位值的教學實務〉、第 4 章〈整數加法與減法的教學實務〉、第 5 章〈整數乘法的教學實務〉、第 6 章〈整數除法的教學實務〉、第 7 章〈整數四則的教學實務〉,於此六章比較 NCTM 與 108 年課綱的課程標準,亦提供教學活動的範例。

　　最後,筆者期望本書能帶給國小教師,落實 108 年課綱的素養發展政策,並期許未來的下一代能喜歡數學、熱愛數學,提升臺灣的學習競爭力。

臺北市立大學、輔仁大學退休教授

張德銳　謹識

中華民國 111 年 11 月 6 日

推薦序
Foreword

　　欣聞如山教授的新作：《素養導向：數學教學實務 1》。這本書對於 108 課綱數學領域的素養教學，有很大的實用價值。書中內容可從如山教授與新北市頂溪國小的自編課程研究、宜蘭人文國中小與桃園林森國小的數學課程研究成果衍生，為期十餘年。如山教授對數學實務長期的投入，能為之序，與有榮焉。

　　與如山教授的緣分，早於民國 91 年我派任大成國小校長時，因推動教師專業成長而熟識。那時如山教授為師培中心主任，推薦五位師培生來大成實習。在實習前，親自接送師培生到大成了解校園環境；於實習期間，多次到大成探視學生，如山教授對學生的照顧，以及與大成教師應對時的謙沖，都讓人留下深刻的印象。

　　之後我奉派籌備龍埔國小，從學校建設到招生，如山教授每年均帶領師培學生到校參訪，還記得他與我一同走過建設中的校園，因剛下過雨，我們的皮鞋均染上了黃色的泥土，卻不以為意，我感覺到他是一位喜歡貼近現場的學者；之後如山教授也與國家教育研究院合作，一同與龍埔發展數學專業課程。我亦知如山教授與三峽的五寮、插角、有木與大埔國小長期進行史懷哲服務，他與三峽的緣分很深，這些都能看到如山教授對教育的專業與執著。

　　本書的內容從第 0 章，〈數學教師的專業內涵〉，說明了數學教師的專業，從教師的專業知識到數學教師所應具備的專業，提供了明確的輪廓。第 1 章，〈數學教學的趨勢〉，分析了 108 年課綱數學素養的意義，這些對現場的教學具有急迫性。於其餘六章，分析了 108 年課綱與美國課程標準的異同，準備了很多能應用於實務課程的數學學習活動，對於國小的數數、位值、加、減、乘、除、四則運算的教學，能讓教師於教學上有更多的啟發。我相信，有此書的出現，臺灣的數學教育會更有前景。

最後，期待本書的出版能帶給國小教師更多的創意與思考，讓臺灣之子在數學學習上有極佳的視野，一起看見數學之美。

新北市海山國小校長

林瑞昌　謹識

中華民國 111 年 11 月 6 日

自　序
Preface

　　追求數學教學的專業為一生職志，設計適切的教學活動使學生能夠徹底學會數學的概念，是數學教師應有的信念。

　　於本書的八個章節如：

0.〈數學教師的專業內涵〉：提到教師的專業條件，從教師教學涵蓋教師態度、教師知識、教師行為與教師信念；而教師知識又可分為學生學習知識、教學方法與教學內容知識；教師信念又可分為教學信念與數學信念等。而教師教學影響了學生學習的行為、態度與成就。這些複雜的教學與學習相互關係，產生了數學的教學與學習模式。

1.〈數學教學的趨勢〉：可分為改變數學教學的需要性、培養學生的數學素養與教學方法的改變三個部分。第一，改變數學教學的需要性又可分為兩個部分，一為教師觀念的改變，另一為學生學習的改變。教師的想法改變才可以真正讓數學的學習產生質變，而從國際評比來看，臺灣學生對數學學習的興趣與自信心低落，才是最需要改革的量變。第二，培養學生的數學素養，108 年課綱在數學學習的改變即為素養能力的培育，要使學生了解數學是一種語言、是一種實用的科學、是一種人文素養，可提供每位學生有感的學習機會與培養學生正確使用工具的能力。第三，教學方法的改變，在於使數學有趣、要有難度、滿足合作的需求，並與生活結合以及激發學生最大的潛能為目標。

2.〈數數的教學實務〉：本章比較美國與臺灣 108 年課綱數數課程標準，數數概念的相關研究與數數的教學活動，本章有 6 個教學活動，如何協助學生建立 10 以內的數數概念，本章提供有趣的教學情境與使用數棒讓學生更快理解數學的 1 到 10，從具體操作，到建立心像，進而建立抽象的數字概念。

3.〈整數位值的教學實務〉：本章比較美國與臺灣 108 年課綱整數位值課程標準，整數位值概念的相關研究與整數位值的教學活動，本章有 10 個教學活動。活動設計從一年級到四年級，從整數位值的縱貫

性概念，可看到不同年級的活動內涵，教師對於不同年級的位值活動設計可理解整數位值的系統性概念。

4. 〈整數加法與減法的教學實務〉：本章比較美國與臺灣 108 年課綱整數加法與減法的課程標準、整數加法與減法概念的相關研究，以及整數加法與減法的教學活動，本章有 19 個教學活動。活動設計從一年級到二年級，從整數加法與減法的概念，教師主要在建立加法與減法的數字拆解及數字間的關係，進而可破解加法與減法應用問題。

5. 〈整數乘法的教學實務〉：本章比較美國與臺灣 108 年課綱整數乘法的課程標準、整數乘法概念的相關研究，與整數乘法的教學活動，本章有 16 個教學活動。活動設計從一年級到三年級，從整數乘法的概念，教師主要在建立乘法的數字關係，進而可破解乘法直式問題。

6. 〈整數除法的教學實務〉：本章比較美國與臺灣 108 年課綱整數除法的課程標準、整數除法概念的相關研究，與整數除法的教學活動，本章有 14 個教學活動。活動設計從三年級到四年級，從整數除法的概念，教師主要在建立除法的概念，如等分除與包含除，之後建立估商策略，破解除法直式與蟲蛀法問題。

7. 〈整數四則的教學實務〉：本章比較美國與臺灣 108 年課綱整數四則的課程標準、整數四則概念的相關研究，與整數四則的教學活動，本章有 9 個教學活動。活動設計從二年級到四年級，從二年級整數加法與減法的關係，到三年級乘法與除法的關係，於四年級建立先乘除後加減的關係，之後對於括號相關法則如結合律、分配律、符號改變法則與一定要使用括號概念的相關規則均有清楚且完整的介紹。

　　本書所涵蓋的章節尚未完善，未來持續會有《數學教學實務 2》與《數學教學實務 3》等書以補未盡之憾，最後對於家人的支持，感激由心。

謝如山 謹識
於白鷺鷥山
中華民國 111 年 10 月 10 日

目　錄
Contents

3 整數位值的教學實務

4 整數加法與減法的教學實務

5 整數乘法的教學實務

整數除法的教學實務

整數四則的教學實務

第 **0** 章

數學教師的專業內涵

如何教數學，是很多國中小教師在教學的時候，都希望解決的問題。當每一位新手老師進到教室，事前會先看教學指引，確定教學目標，試著模擬教學流程，很多教師以為只要照著教學指引，就會教了。而教數學真的這麼簡單嗎？用這樣的方式真的可以把數學教好嗎？

教學是一複雜的過程。即如 Shulman (1985, p7) 所述，成為一位教師，需要相當廣泛且有高度組織的知識架構，如原文 "to be a teacher requires extensive and highly organized bodies of knowledge"。Koehler 與 Grouws (1992, p118) 提出教學與學習模式，此模式具備相當紮實的理論基礎，其模式如下，如圖 1：

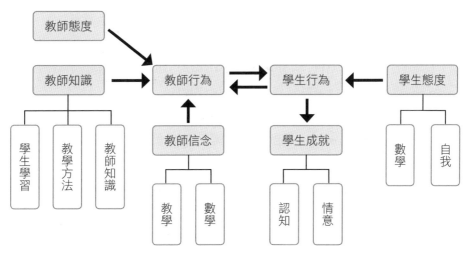

🔬 **圖 0-1**　Koehler 與 Grouws (1992) 的數學與學習模式

依上述教學模式，教師的教學專業，深受教師知識與教師信念所影響，而教師行為與學生行為有深入的互動關係，學生的自我與數學態度會影響學生行為，進而影響學生成就。除了教學專業外，數學教具的使用也相當重

要，以下依教師知識、數學教學知識、數學教學信念與使用數學教具等四部
分進行論述。

1. 教師的教學知識
2. 數學教學知識
3. 數學教學信念
4. 使用數學教具的重要性

以下依此四方面分別說明。

一、教師的教學知識

　　教師的教學知識取決於個人數學教學知識各面向的組合程度，並經由所
處的活動與文化脈絡的交互作用下，不斷地發展與改變 (Fennema & Franke,
1992)。

　　Shulman (1987) 將教師知識分為七類：

1. 學科內容知識 (subject matter knowledge)：學科領域中的學科內容基
   礎知識，各學科領域有其特別的學科內容。
2. 一般教學知識 (general pedagogical knowledge)：各學科均適用的教學
   原則與策略，例如：教師必須具備教育概念、教學原理、教育心理
   學、輔導原理等知識。
3. 學科教學知識 (pedagogical content knowledge)：學科教學知識即教師
   應用教學知識，轉化學科內容知識，設計課程，以進行教學活動。
4. 課程知識 (curriculum knowledge)：教師理解課程發展沿革與整體教學
   方案，能掌握任教科目縱向與橫向的課程脈絡，教師能進行課程組織
   與規劃。
5. 學習者的知識 (knowledge of learner & their characteristics)：包括學習
   理論的知識，如學習心理學、青少年心理學；再者，如學生的先備知

識（包括學習動機、認知發展概念、學生學習態度等）以及學生學習背景，如學生的社經地位、學區屬性等。

6. 教育脈絡知識 (knowledge of educational context)：對與學習者相關的各種情境了解及認識，如教室情境、學校特性、家庭狀況、社區背景與文化特性等。教師需保持敏銳的觀察力，理解教學的情境脈絡。

7. 教育目標，價值及哲學知識 (knowledge of educational aims)：教師具備教育目的與價值、教育哲學及教育社會學的知識。

在臺灣，國小教師所必備的數學知識需有高中以上的數學專業背景，而國中至高中的數學教師則需具備大學以上數學相關系所的專業養成。以下從國小教師與國中教師所需具備的數學概念分別說明。

(一) 國小教師

職前數學教師在師資培育的養成階段，會因經由不同的科系背景與不同的師資培育大學的訓練而有所差距；再者，職前教師進入職場後，會因所教的地域與年級不同而對學生在數學的學習產生更大的差異。而不論差距有多大，國小教師對學生於國小至國中階段所應學習的數學概念，應有清楚的了解，即需具備一至九年級的數學教學知識。

國小教師除了需對國小一年級至六年級所教的數學概念有全盤的了解外，仍需了解國中七年級至九年級的課程，以便於對國中的數學概念進行銜接。所以教師要能具備從國小一至六年級的六年一貫數學概念，對於七至九年級等三年一貫數學概念做更完整的銜接。以下為銜接國小至國中數學課程的單元，以分配律概念為例，如例一。

例一：

於國小五年級所教的分配律概念，如算式 $5 \times (3 + 2) = 5 \times 3 + 5 \times 2$，在國中的課程為 $a(b + c) = ab + ac$。再者，於國中的因式分解概念為 $(a + b)(a + b) = a^2 + ab + ba + b^2$。若學生對於整數概念的分配律概念不了解，要如何了解代數形式的分配律概念？

臺灣的國小師資培育為包班制，數學與國語均由導師教授。一位國小教師，除了教授數學課程外，也需具備國語、社會、自然與社會等不同學科領域的教學知識。再者，有關教育相關的課程概念，如教育哲學、教育概論、教育心理學、教學原理、課程發展與設計等教育學科的知識。但在國小師資職前的養成教育中，很多教師並未具備足夠的數學教學專業知能，卻擔任國小數學的教學，此問題已引起國內學者的關注（鍾靜等，2012；李源順等，2008）。

因為課程的安排，有些國小導師長期帶領低年級、中年級或高年級，這樣的行政作為造成數學教師只了解該年段的數學課程，相對於其他年段的數學內容則較陌生。例如：有些老師長期教中年級，即三至四年級，則只會對於三至四年級的數學課程較為熟悉。若國小教師對於國小六年的數學範圍不了解，則會對於其他年段的銜接產生困難，比如對國小二至三年級，如例二；以及對四至五年級的數學銜接課程，產生學生學習的落差，如例三。

例二：

於國小三年級進行除法直式教學時，國小學生即需具備一至二年級的加法、減法與乘法的運算概念。如算式 $13 \div 3 = 4 \cdots 1$。

$$
\begin{array}{r}
4 \\
3{\overline{\smash{\big)}\,13}} \\
\underline{12} \\
1
\end{array}
$$

如以上的除法直式過程，即需要 $3 \times 4 = 12$ 的乘法概念，而 $3 \times 4 = 3 + 3 + 3 + 3 = 12$，即為加法概念。$13 - 12 = 1$，即為減法概念，其意義可想為，我有 13 顆蘋果，分裝成 3 顆 1 盤，可有 4 盤，最後剩下 1 顆蘋果。

若是要驗算，則為 $4 \times 3 + 1 = 13$，則可將 1 盤有 3 顆蘋果，有 4 盤，共有 12 顆，再加上剩下的 1 顆，即可找出原來有 13 顆蘋果，除法直式的驗算過程，需要乘法與加法的混合運算。

例三：

如國小五年級括號概念，學生應先具備四則運算的基本概念，如先乘除後加減的運算約定，為三至四年級的範圍。

如算式 $2 + 5 \times 3 = 2 + (5 \times 3) = 17$

學生應要理解上述算式，不論是否使用括號，結果都是一樣的。

若是低年級或中年級國小教師，對於即將升上中年級或高年級學生所將學習的數學概念很清楚，則會了解低年級與中年級數學課程在整個十二年一貫課程的重要性，在協助學生建立數學概念方面，做出更多的努力。

(二) 國中教師

國中數學與國小不同，在於數學課程為分科教學。與國民小學機制不同，數學教師均為數學相關專長，不僅對數學概念有深入的了解，也對國中七至九年級的範圍有深入的認識。然而多數數學教師面對七年級生的學習落差，會不知是在哪一個年級出現學習的問題。如國中數學教師對於國小一至六年級的數學課程不熟悉，在七年級學生於四則運算、分數、小數出現困難時，發現這些問題範圍很廣，會覺得困擾。而這些學習的問題，會影響到國中代數與更進階的數學概念。

再者七年級的數學概念，如有些國中學生對於倒數概念不了解，而教師要講解倒數的概念，如例四。

例四：倒數概念

如一分數為 a/b，其倒數為 b/a。有如下的性質。

1. 倒數相乘為 1，如 $a/b \times b/a = 1$
2. 倒數相除為 $a/b \div b/a = a/b \times a/b = a^2/b^2$
3. 倒數相加為 $a/b + b/a = (a^2 + b^2)/ab$
4. 倒數相減為 $a/b - b/a = (a^2 - b^2)/ab$

通常國中教師只會教第一種的倒數性質，因為只有第一種性質有其運算的特性，其他三項則較少探討。而到底倒數是什麼意義？其實，於國小分數除分數的概念，可看出倒數，如 $2/3 \div 2/3 = 2/3 \times 3/2 = 1$。

從圖示法來看 $\dfrac{2}{3} \times \left(\dfrac{3}{2}\right) = \dfrac{2}{3} \times \left(1 + \dfrac{1}{2}\right) = \dfrac{2}{3} + \dfrac{1}{3} = 1$

$$\dfrac{2}{3} \times 1 \qquad + \qquad \dfrac{2}{3} \times \dfrac{1}{2}$$

　　無可否認的是，臺灣的國中數學教師具備專業的數學知識，但如何協助學生理解數學，仍需更多的教學資源。例如：學生理解倒數的方向，可從國小的課程方向內容進行引導，或是可用圖像的方式來協助學生理解，這都是可讓學生更容易學習數學的方式。

二、數學教學知識

　　Fennema 與 Franke (1992, p147) 提出的教師知識概念，認為教師知識又可分為數學知識 (knowledge of mathematics)、數學表徵知識 (knowledge of mathematical representation)、教師的學生知識 (teachers' knowledge of students)、教師的一般教學知識與教學決定 (teachers' general knowledge of teaching and decision-making)，以及教師認知模式知識 (frameworks and cognitive models of teacher knowledge) 等五個向度。

1. 數學知識 (knowledge of mathematics)：數學教師須具備的第一項要件，即為數學學科的專業知識。即一位數學教師在養成階段，須接受數學專業的學術訓練，即基本的數學概念，如大學數學相關科系的

專業課程等。而很多的國小與中學數學教師，其專業的數學知識並非足夠，這些則會影響到學生在數學專業的學習 (Post, Harel, Behr, & Lesh, 1991)。若教師對於數學知識的架構較為完整，則能在教室中建立較為系統的數學知識，即能協助學生正向的數學概念，並能連結到其他數學單元，甚至其他年級，以建立更為廣泛且多元的數學概念 (NCTM, 2000)。

2. 數學表徵知識 (knowledge of mathematical representation)：如何建立數學的表徵，即教師要能善用學生理解數學的輔助用具。Lampert (1986) 提及教數學的關鍵在於做數學。於每一堂的數學課程，著重的不僅是教師講解數學，而在於將學生已知的數學概念連結未知的新數學知識，若教師不了解如何建立這樣的新數學知識，學生將無法了解數學的意義。例如：數棒可用來解釋所有整數運算的過程，如果在教乘法時，教師未使用數棒，則無法連結累加與乘法的關係，也無法促進學生對於位值概念的學習 (Hiebert & Wearne, 1986)。

3. 教師的學生知識 (teacher's knowledge of students)：教師應要了解學生如何學習數學，要用什麼方式可以讓學生了解數學、能產生數學正向的概念、能建立學生對數學的信心，這是每位教師應該要有的信念。當教師有這樣的知識時，就會想盡辦法依學生的需求改變教學的方式，以改進教學效能。就如同教育心理學中提到行為學派與認知學派的不同，要如何能讓教師連結認知學派的教學觀念，而不是僅用行為學派的觀點進行教學，教師需要更多心理學的專業學習。

4. 教師的一般教學知識與教學決定 (teachers' general knowledge of teaching and decision-making)：教師的教學決定，基於教師的信念與理論基礎，將他們所看到的學生學習，再進行教學計畫與教學行動，並於課程計畫的部分有四個步驟：確定學科、選擇活動、組織活動與確定評鑑機制 (Clark & Peterson, 1986)。於教學進行中，有很多的決定會同時進行，教師要依學生的問題進行提問，依學生學習情況加快進度或延緩進度。教師的提問方式，往往決定學生思考與學習的方

向。經過教學實務的經驗，會對教師個人的信念與專業決定進行形塑 (Elbaz, 1983)。

5. 教師認知模式知識 (frameworks and cognitive models of teacher knowledge)：Shulman (1986, p9) 提出了教師需要的三種知識，第一種即為學科知識，其次為教學方法知識，最後為課程知識。除上述的學科知識即為數學知識外，以下分述教學方法知識與課程知識。於教學方法知識 (pedagogical content knowledge)，如何在教學中能將數學的表徵清楚地使學生了解，進行判斷與分析，如學習共同體的分組學習概念（黃郁倫、鍾啟泉譯，2012）；能善用教學的方式，為教師專業的一環，如於學生分組時，確實了解學生間的互動，並進行調整，以維持最佳的分組學習機制。課程知識 (curriculum knowledge) 則為在教學內容的整合上，可對不同的數學主題進行教學，即數學教學模組的課程概念，如學校本位數學模組的發展（姚如芬、林佳穎，2003）。

Fennema 與 Franke (1992) 提出數學教學知識的研究模型，如圖 2，他們認為教師在進行數學教學時，教師的信念會與教師的數學知識、教學法知識、學習者數學認知的知識再教學活動、文化、脈絡形成互動關係。從圖 2，可更清楚地發現教師信念影響了數學知識與教學法知識，及影響了教師

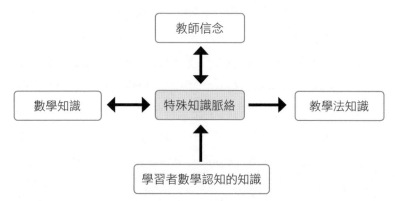

圖 0-2　Fennema 與 Franke (1992) 教師信念與教師知識互動關係

在特殊知識脈絡的連結，最後學習者數學認知的知識也會再度地影響教師信念的產生。

三、數學教學信念

　　國中小教師在數學教學的方式大不相同，在於國小與國中數學教科書的設計方式不同。於國中課程，多數教師以解題為主，使用講述教學，之後學生需大量練習題目；而國小數學課程重視教具操作，學生經由分組討論後，主動發現數學概念。其實，教師採用不同的教學方法，先決條件在於教師信念。教師信念影響教學方法、影響教學的課程設計，也影響了與學生互動的方式，可見教學信念的影響深遠。

　　教學方法決定教師進課的方式，有些教師會使用分組討論；有些教師會使用講述法；有些教師會請學生進行解題與發表。這些方式都取決於教師對教學方法的了解，而有關教學方法的分類，於下一章節會進行更詳細的敘述。

　　莊淑琴 (2002) 提到教師在教學行為的思想存在於具備某種價值觀，例如每位學生都可以學會數學，而這樣的價值觀影響他們在教學設計、教學活動與教學行為的表現。其他學者（洪志成，1989；藍雪瑛，1995）亦提出，教學信念是指教師在教學實務中思想與語言的內在概念，涵蓋對學科的教學想法，與對學生學習的狀況、對自己工作角色的定位等。

　　數學教學信念相當重要，因為可以了解教學行為的情況，也能了解教師的想法（黃雅玲，2014）。如在國中的正負數教學，教師會使用數線，以 0 為中心，右邊為正數，左邊為負數。教師通常認為使用數線才能使學生了解，但是否國中學生真的從數線可以了解，並對之後的正負數四則運算加以類推，則需教學後的驗證。教師於教學前認定使用數線可以提升學生對正負數的理解能力，就是一種教學信念。所以，教學信念會影響一位教師的教學成效，基於其個人特質、專業背景、教學對象、教學能力與教學環境等因素，因這是個人對於是否達成教學行為表現的自我覺察的概念（張廣義，

2005）。

　　雖然相關研究（李秀妃、呂玉琴，2011；范欣茹、李心儀，2016；蔡淑君、段曉林、邱守榕，2006；Raymond, 1997；Stipek, Givvin, Salmon, & MacGyvers, 2001）顯示，教師的數學教學信念會影響學生的數學學習。而教師的知識信念會影響其教學信念，故有必要探究教師的知識信念 (Deng, Chai, Tsai, & Lee, 2014)，但涂金堂 (2017) 應用探索性因素分析模式發展較具信效度的數學教師信念量表，因國內少數研究注重於國小教師的數學教學信念（吳明隆、陳火城，2007；蘇素慧、詹勳國，2005；溫世展、呂玉琴，2004；莊淑琴，2002；甄曉蘭、周立勳，1999；顏銘志，1996）。

　　Raymond (1997) 將教師的數學學習信念分成五類：1.傳統觀：認為學生是被動地學習數學，學生必須重複練習題目，熟練解題技巧；2. 傾向傳統觀：數學的學習主要靠熟練技巧，教師對於學生的數學學習需承擔較多的責任；3. 兼具傳統觀與非傳統觀：兼顧個別學習與小組合作，認為教師和學生所擔負的責任一樣多；4. 傾向非傳統觀：認為學生的數學學習主要透過解題，學生所擔負的責任大於老師；5. 非傳統觀：要求學生必須透過問題解決來學習數學，期待學生用自己的方式學習數學。於研究中也發現數學教學信念與實際教學並不一致，如教師的數學教學信念傾向非傳統觀，但是其教學實務卻為傳統觀。

　　李秀妃、呂玉琴 (2011) 提出數學信念與數學教學實務有高相關。亦即持工具觀的數學教師的教學信念傾向傳統教學觀，視教師為知識的傳遞者，教師的職責即清楚講述和舉例，強調讓學生反覆練習，教學目標以期待學生能熟練解題且獲得正確答案為主。相對地，持關連性數學觀的教師的教學信念傾向建構教學觀，視教師為學習的促進者，主張讓學生透過實作、探究、討論的活動而理解數學概念，教學目標以概念理解與數學思考培養為主。

　　活動一由教學信念量表，可簡單地將教學信念分為傳統觀與建構觀。越往左邊的向度，則偏向傳統觀點，而右邊的向度則為建構觀點。傳統觀點主要在於教師會主導數學教學，而建構觀點則在於引導學生學習的方向，這兩個觀點的差異主要在於一個關鍵性的信念，「學生學習數學的態度到底是被

動還是主動的？」傳統觀點認為，學生是被動學習，所以應由教師主動提供所需的學習資源；而建構觀點則認為，學生一直都是主動學習的態度，教師則需引導學生學習方向，以獲得學習成果。

　　由教學信念量表，可測量教師對數學學習的觀點，題目內容包括數學教師角色、學生學習、數學教學、數學學習目的、數學學具的使用等。教師可試填本量表，以檢視自己的觀點是傳統觀還是建構觀，還是介於兩者間的模糊地帶。

活動 1　教學信念問卷

　　在下列的問題中，如果您強烈地同意左邊的敘述，請選 1，如果您強烈地同意右邊的敘述，請選 5。

1. 數學是由一些重要的元素組成的（一般常用的公式和步驟）	1	2	3	4	5	數學是一種思考的訓練與如何解決問題
2. 基礎數學應注重的是學童要熟悉這些公式和步驟	1	2	3	4	5	基礎數學應注重的是如何培養學童的數學思考
3. 知識需要不斷地累積與熟悉	1	2	3	4	5	知識的累積是不斷思考重組的結果
4. 學生必須要在課堂正確地練習計算才能得出所要的結果	1	2	3	4	5	如何由學生的討論來發現他們的結果才是最重要的
5. 直接講述的教學是最快、最有效的方法	1	2	3	4	5	由學生主動探究的方法才是使他們能深入了解數學概念的的主要途徑
6. 由教師主動地教學才能確保教學的成效	1	2	3	4	5	由教師引導學生學習才能真正讓學生了解
7. 因為學生在上課前都不了解數學的算法，所以老師要用心講解	1	2	3	4	5	由學生在生活經驗的逐漸引導，來激發學生的潛能，是老師的責任

8. 學習數學的目的在教導學生如何解題	1	2	3	4	5	數學主要在培養學生解決問題的能力
9. 學習數學只能使用教科書所教的方法來解題	1	2	3	4	5	學習數學可鼓勵學生創造自己的策略來解題
10. 我相信有天分的學生才可以將數學學好	1	2	3	4	5	我相信只要努力，任何學生都可以學好數學
11. 數學要按部就班，依教科書的內容才能將數學教好	1	2	3	4	5	數學可用各種活動遊戲與任何有關的資源來教數學
12. 並不一定要用數學教具，因為有些學生不需要	1	2	3	4	5	使用數學教具很重要，可讓更多學生學會
13. 學生只要能會做數學，不需要發表。因為上課時間有限	1	2	3	4	5	學生上臺發表能力很重要，因為學生要能清楚表達，才表示真會

四、使用數學教具的重要性

　　教具在學生的學習，扮演了重要的角色，通常數學教師會依教學目標使用適當的教具。但很多教師會問的是，為什麼學生要使用教具？如果在課堂中沒有使用教具，學生的學習會有問題嗎？當然會產生很多的問題。其實教具的功能有以下三點。

　　1. 使學童喜歡數學。
　　2. 建立學童具象的概念。
　　3. 建立學童主動學習數學的態度，使學生從操作過程發現問題、解決問題，以下依此三方面分別陳述。

(一) 使學童喜歡數學

在辦理教具研習時，有些教師會問說，是不是有學生不需要使用教具？我回答說，一個班有 20 到 30 位學生，老師如何讓全班的學生都能學會數學，而不是只讓少部分的學生會？所以老師必須要使用教具。

從學習的過程來看，學生的學習經由具象到心像，再從心像到抽象的過程；而數字是最為抽象的數學概念，如 1、2、3、4……等。一般數學教科書通常只會畫出圖像，如 1 顆蘋果、2 顆蘋果、3 顆蘋果等，即為心像概念。若老師在教學時，於課堂中給予學童具體物的操作概念，以數棒或是花片來代表蘋果，則為具象概念，也才能協助學生進行具體物的操作。建立學童從具體物到心像，再從心像到抽象的概念，才能建立學童完整的數學概念，也才能建立學生的學習自信，進而讓學童具備數學學習的成就感，也才能讓學童更喜歡數學。

教具的功能就是建立具象到抽象的心像過程。如果教學沒有使用教具，就要求學生從不會到抽象，這樣的過程不但會使學生受挫，更可能會使學生對數學產生恐懼。一旦學生的學習由恐懼到拒絕，這樣的結果就很難補救了。所以學生在低年級剛開始時就必須使用適當的教具，來引起孩子的學習動機，對孩子養成學習數學的態度非常重要。

(二) 建立學生具象的數學概念

從認知發展概念來看，學童需要透過實物，進行操作的過程，在 7 至 11 歲的階段，也稱為具體操作期。這個階段也位於目前國小學生一年級至五年級的階段。也就是說，學童進入到小學一年級，進行 100 以內數概念的學習時，就該使用教具。

舉例來說，學童在學習位值概念時，對於十進位的概念，是否能說出百位、十位與個位的差別。若以 123 為例，他們可能認為百位的 1 只代表 1，十位的 2 只代表 2，因為他們只存在數的運算，而缺乏量的感覺。事實上，百位的 1 代表的是 100，十位的 2 代表的是 20。如果學童在學習時，教師

曾使用過古氏數棒，學童就可以很清楚地說明，100 代表的是 10 根橘色數棒或是 1 片百格板，20 代表的是 2 根橘色數棒，而 3 代表的是 3 根白色數棒。

為什麼使用數棒很重要？於筆者進入小學一年級的臨床教學發現，很多學生對於百位、十位與個位的量感很薄弱，而這樣薄弱的經驗，會造成日後在三年級學習除法的困難，如 $23 \div 4 =$ ？大多學生會做除法直式的運算，但是問到商為 5 剩下 3 是代表什麼意思時，只有少數學生能說明 5 代表的是 4 有 5 個，而分完後，剩下的 3 不夠分。大多學生無法說出 $23 \div 4 = 5\cdots3$ 的意義，因為他們缺乏具體物的操作，而導致他們在日後學習數學的困難。

其實數棒的使用很廣泛，至少可以教授三十種以上的數學概念，也是一個可以從幼稚園教到小學六年級的全方位教具，例如：從幼稚園長短數棒的辨識，如紅色數棒較短，黑色數棒較長；再者，一年級於位值觀念的建立，二年級可以介紹加法交換律的觀念，三年級學童可融入加減乘除的四則運算，四年級對體積的計算與重量的估測，於五年級可以學習最大公因數與最小公倍數，最後到六年級建立分數與比例觀念等。所以數棒在小學是很重要的教學用具，這也是為什麼一般學校的教具室一定會有數棒的原因。

(三) 建立學童主動學習數學與探究的態度

學童從操作教具的過程可以發現問題、解決問題，進而有追根究柢的能力。例如：於三年級課程的分數教學，教師會使用圓形分數板，當學童使用分數板時，學童可以發現 2/2 是由 2 片 1/2 所組成的，3/3 是由 3 片 1/3 所組成的。當教師問說，請問 1/2 與 1/3 相比，哪一個比較大？大多少？可請學生證明，1/2 大於 1/3，且多了 1/6。學童可經由此過程發現，將 1/2 與 1/3 的圓形分數板重疊，1/2 比 1/3 多出的部分，學童可用 1/5、1/8 進行填補，他們會發現 1/5 太大、1/8 則太小，最後可發現 1/6 剛好，所以答案為 1/2 比 1/3 多了 1/6。

經由學童自行發現的探究過程，學童可藉由教具的操作找到答案，並且確認答案的合理性，以進行驗證。在教具操作的過程，可由學童自發性地解

決問題、驗證問題，而有探究的態度。

　　教具的種類很多，於低年級的教具有天秤、古氏積木、頂點珠、七巧板等；中年級常用的教具有釘板、圓形分數板、正方形分數板、撲克牌等；高年級常見的教具有時鐘、量杯、幾何形體、索碼方塊、量角器等。教師的專業即是能尋找適合的教具進行教學。

第1章

數學教學的趨勢

　　數學的教學方法需要改變嗎？很多家長告訴我，他們懷念以前的教育方式，認為以前的方式最好，問我為什麼要改變。我回答的是，學數學的目的是要啟發孩子的思考力、想像力與推理能力，以前的教育方式無法滿足時代的需要，如果我們要用以往的教育方式培育出未來所需的能力，那是很困難的事。

一、改變數學教學的需要性

　　可從教師觀念改變與學生學習兩方面來說明。

(一) 教師觀念的改變

　　數學教學的改革具急迫性，若教師仍使用在三十年前、四十年前的教育方式來教導學生，則數學教學的成效不會顯著。例如：四十年前筆者為國中學生時，教師每天發數學考卷，來逼迫學生學習數學；四十年後的今天，大部分的教師依然使用同樣的方式，因為要提升學生的數學分數，進到好的學校。其實這樣的方式三十年都沒有改變，並且這樣的方式是不對的，是錯的。因為反覆不斷練習考卷的方式，不但無法將數學學好，反而會使學生對學習產生負面情緒。因為不會的觀念仍舊不會，不會因為練習而創造出多元解題的策略。教師需改變的是教學設計，需依學生程度進行課程設計，對關鍵的數學概念進行深究。

　　教育的目的，在於啟發學生的思考，如孔子所述：

　　　　「不憤不啟，不悱不發，舉一隅不以三隅反，則不復也。」也
　　就是說，教導學生，要等到學生努力奮發的時候，才啟發他；到他

想說卻說不出來的時候，才去引導他。教學時，直到他能舉一反三的時候，才停止教學。

孔子的思想就是啟發，而啟發才是教學的關鍵。相對的，不是用填鴨的方式強迫，教師要能改變教學的觀念，學生才有可能真正開始學會數學。

(二) 學生無法面對社會所需的數學競爭力。

數學是國際的語言，為學校重要學科之一，在臺灣，越高年級的學生對數學學習的興趣越顯低落。依 2019 國際數學與科學教育成就趨勢調查 (Mullis, et.al., 2020)，臺灣八年級學生的數學成就，國際排名為第二，顯示臺灣學生數學能力表現傑出，歷年來在 TIMSS 調查的表現都保持一定的水準。但在數學學習興趣與自信上的調查，臺灣學生在國際排名上卻在倒數第二名至第六名。臺灣學生的數學在國際評量上有好的成績，卻對數學學習興趣低落，也就是在缺乏信心的情況下學習數學。如表 1-1：

表 1-1　TIMSS 2019 各國八年級學生數學平均成就之差異性比較（曹博盛，2019）

國家或地區	平均量尺分數	新加坡	臺灣	韓國	日本	香港	俄羅斯	愛爾蘭	立陶宛	以色列	澳洲	匈牙利	美國	英格蘭	芬蘭	挪威（九年級）	瑞典	賽普勒斯	葡萄牙	義大利	土耳其	哈薩克	法國	紐西蘭	巴林	羅馬尼亞	阿拉伯聯合大公國	喬治亞	馬來西亞	伊朗	卡達	智利	黎巴嫩	約旦	埃及
新加坡	616(4.0)		▲	▲	▲	▲	▲	▲	▲	▲	▲	▲	▲	▲	▲	▲	▲	▲	▲	▲	▲	▲	▲	▲	▲	▲	▲	▲	▲	▲	▲	▲	▲	▲	▲
臺灣	612(2.7)	▽		▲	▲	▲	▲	▲	▲	▲	▲	▲	▲	▲	▲	▲	▲	▲	▲	▲	▲	▲	▲	▲	▲	▲	▲	▲	▲	▲	▲	▲	▲	▲	▲
韓國	607(2.8)	▽	▽		▲	▲	▲	▲	▲	▲	▲	▲	▲	▲	▲	▲	▲	▲	▲	▲	▲	▲	▲	▲	▲	▲	▲	▲	▲	▲	▲	▲	▲	▲	▲
日本	594(2.7)	▽	▽	▽		▲	▲	▲	▲	▲	▲	▲	▲	▲	▲	▲	▲	▲	▲	▲	▲	▲	▲	▲	▲	▲	▲	▲	▲	▲	▲	▲	▲	▲	▲
香港	578(4.1)	▽	▽	▽	▽		▲	▲	▲	▲	▲	▲	▲	▲	▲	▲	▲	▲	▲	▲	▲	▲	▲	▲	▲	▲	▲	▲	▲	▲	▲	▲	▲	▲	▲
俄羅斯	543(4.5)	▽	▽	▽	▽	▽		▲	▲	▲	▲	▲	▲	▲	▲	▲	▲	▲	▲	▲	▲	▲	▲	▲	▲	▲	▲	▲	▲	▲	▲	▲	▲	▲	▲
愛爾蘭	524(2.6)	▽	▽	▽	▽	▽	▽				▲	▲	▲	▲	▲	▲	▲	▲	▲	▲	▲	▲	▲	▲	▲	▲	▲	▲	▲	▲	▲	▲	▲	▲	▲
立陶宛	520(2.9)	▽	▽	▽	▽	▽	▽						▲	▲	▲	▲	▲	▲	▲	▲	▲	▲	▲	▲	▲	▲	▲	▲	▲	▲	▲	▲	▲	▲	▲
以色列	519(4.3)	▽	▽	▽	▽	▽	▽								▲	▲	▲	▲	▲	▲	▲	▲	▲	▲	▲	▲	▲	▲	▲	▲	▲	▲	▲	▲	▲
澳洲	517(3.8)	▽	▽	▽	▽	▽	▽	▽							▲	▲	▲	▲	▲	▲	▲	▲	▲	▲	▲	▲	▲	▲	▲	▲	▲	▲	▲	▲	▲
匈牙利	517(2.9)	▽	▽	▽	▽	▽	▽	▽							▲	▲	▲	▲	▲	▲	▲	▲	▲	▲	▲	▲	▲	▲	▲	▲	▲	▲	▲	▲	▲
美國	515(4.8)	▽	▽	▽	▽	▽	▽	▽	▽						▲	▲	▲	▲	▲	▲	▲	▲	▲	▲	▲	▲	▲	▲	▲	▲	▲	▲	▲	▲	▲
英格蘭	515(5.3)	▽	▽	▽	▽	▽	▽	▽	▽						▲	▲	▲	▲	▲	▲	▲	▲	▲	▲	▲	▲	▲	▲	▲	▲	▲	▲	▲	▲	▲
芬蘭	509(2.6)	▽	▽	▽	▽	▽	▽	▽	▽	▽	▽	▽	▽	▽		▲	▲	▲	▲	▲	▲	▲	▲	▲	▲	▲	▲	▲	▲	▲	▲	▲	▲	▲	▲
挪威（九年級）	503(2.4)	▽	▽	▽	▽	▽	▽	▽	▽	▽	▽	▽	▽	▽	▽		▲	▲	▲	▲	▲	▲	▲	▲	▲	▲	▲	▲	▲	▲	▲	▲	▲	▲	▲

國家或地區	平均量尺分數	新加坡	臺灣	韓國	日本	香港	俄羅斯	愛爾蘭	立陶宛	以色列	澳洲	匈牙利	美國	英格蘭	芬蘭	挪威（九年級）	瑞典	賽普勒斯	葡萄牙	義大利	土耳其	哈薩克	法國	紐西蘭	巴林	羅馬尼亞	阿拉伯聯合大公國	喬治亞	馬來西亞	伊朗	卡達	智利	黎巴嫩	約旦	埃及
瑞典	503(2.5)	▽	▽	▽	▽	▽	▽	▽	▽	▽	▽	▽	▽	▽	▽	▽						▲	▲	▲	▲	▲	▲	▲	▲	▲	▲	▲	▲	▲	▲
賽普勒斯	501(1.6)	▽	▽	▽	▽	▽	▽	▽	▽	▽	▽	▽	▽	▽	▽	▽						▲	▲	▲	▲	▲	▲	▲	▲	▲	▲	▲	▲	▲	▲
葡萄牙	500(3.2)	▽	▽	▽	▽	▽	▽	▽	▽	▽	▽	▽	▽	▽	▽	▽						▲	▲	▲	▲	▲	▲	▲	▲	▲	▲	▲	▲	▲	▲
義大利	497(2.7)	▽	▽	▽	▽	▽	▽	▽	▽	▽	▽	▽	▽	▽	▽	▽							▲	▲	▲	▲	▲	▲	▲	▲	▲	▲	▲	▲	▲
土耳其	496(4.3)	▽	▽	▽	▽	▽	▽	▽	▽	▽	▽	▽	▽	▽	▽	▽							▲	▲	▲	▲	▲	▲	▲	▲	▲	▲	▲	▲	▲
哈薩克	488(3.3)	▽	▽	▽	▽	▽	▽	▽	▽	▽	▽	▽	▽	▽	▽	▽	▽	▽	▽								▲	▲	▲	▲	▲	▲	▲	▲	▲
法國	483(3.4)	▽	▽	▽	▽	▽	▽	▽	▽	▽	▽	▽	▽	▽	▽	▽	▽	▽	▽	▽	▽							▲	▲	▲	▲	▲	▲	▲	▲
紐西蘭	482(3.4)	▽	▽	▽	▽	▽	▽	▽	▽	▽	▽	▽	▽	▽	▽	▽	▽	▽	▽	▽	▽							▲	▲	▲	▲	▲	▲	▲	▲
巴林	481(1.7)	▽	▽	▽	▽	▽	▽	▽	▽	▽	▽	▽	▽	▽	▽	▽	▽	▽	▽	▽	▽							▲	▲	▲	▲	▲	▲	▲	▲
羅馬尼亞	479(4.3)	▽	▽	▽	▽	▽	▽	▽	▽	▽	▽	▽	▽	▽	▽	▽	▽	▽	▽	▽	▽							▲	▲	▲	▲	▲	▲	▲	▲
阿拉伯聯合大公國	473(1.9)	▽	▽	▽	▽	▽	▽	▽	▽	▽	▽	▽	▽	▽	▽	▽	▽	▽	▽	▽	▽	▽						▲	▲	▲	▲	▲	▲	▲	▲
喬治亞	461(4.3)	▽	▽	▽	▽	▽	▽	▽	▽	▽	▽	▽	▽	▽	▽	▽	▽	▽	▽	▽	▽	▽	▽	▽	▽	▽	▽			▲	▲	▲	▲	▲	▲
馬來西亞	461(3.2)	▽	▽	▽	▽	▽	▽	▽	▽	▽	▽	▽	▽	▽	▽	▽	▽	▽	▽	▽	▽	▽	▽	▽	▽	▽	▽			▲	▲	▲	▲	▲	▲
伊朗	446(3.7)	▽	▽	▽	▽	▽	▽	▽	▽	▽	▽	▽	▽	▽	▽	▽	▽	▽	▽	▽	▽	▽	▽	▽	▽	▽	▽	▽	▽				▲	▲	▲
卡達	443(4.0)	▽	▽	▽	▽	▽	▽	▽	▽	▽	▽	▽	▽	▽	▽	▽	▽	▽	▽	▽	▽	▽	▽	▽	▽	▽	▽	▽	▽				▲	▲	▲
智利	441(2.8)	▽	▽	▽	▽	▽	▽	▽	▽	▽	▽	▽	▽	▽	▽	▽	▽	▽	▽	▽	▽	▽	▽	▽	▽	▽	▽	▽	▽				▲	▲	▲
黎巴嫩	429(2.9)	▽	▽	▽	▽	▽	▽	▽	▽	▽	▽	▽	▽	▽	▽	▽	▽	▽	▽	▽	▽	▽	▽	▽	▽	▽	▽	▽	▽	▽	▽	▽			▲
約旦	420(4.3)	▽	▽	▽	▽	▽	▽	▽	▽	▽	▽	▽	▽	▽	▽	▽	▽	▽	▽	▽	▽	▽	▽	▽	▽	▽	▽	▽	▽	▽	▽	▽			
埃及	413(5.2)	▽	▽	▽	▽	▽	▽	▽	▽	▽	▽	▽	▽	▽	▽	▽	▽	▽	▽	▽	▽	▽	▽	▽	▽	▽	▽	▽	▽	▽	▽	▽	▽		
阿曼	411(2.8)	▽	▽	▽	▽	▽	▽	▽	▽	▽	▽	▽	▽	▽	▽	▽	▽	▽	▽	▽	▽	▽	▽	▽	▽	▽	▽	▽	▽	▽	▽	▽	▽	▽	▽
科威特	403(5.0)	▽	▽	▽	▽	▽	▽	▽	▽	▽	▽	▽	▽	▽	▽	▽	▽	▽	▽	▽	▽	▽	▽	▽	▽	▽	▽	▽	▽	▽	▽	▽	▽	▽	▽
沙烏地阿拉伯	394(2.5)	▽	▽	▽	▽	▽	▽	▽	▽	▽	▽	▽	▽	▽	▽	▽	▽	▽	▽	▽	▽	▽	▽	▽	▽	▽	▽	▽	▽	▽	▽	▽	▽	▽	▽
南非（九年級）	389(2.3)	▽	▽	▽	▽	▽	▽	▽	▽	▽	▽	▽	▽	▽	▽	▽	▽	▽	▽	▽	▽	▽	▽	▽	▽	▽	▽	▽	▽	▽	▽	▽	▽	▽	▽
摩洛哥	388(2.3)	▽	▽	▽	▽	▽	▽	▽	▽	▽	▽	▽	▽	▽	▽	▽	▽	▽	▽	▽	▽	▽	▽	▽	▽	▽	▽	▽	▽	▽	▽	▽	▽	▽	▽
基準參照區																																			
莫斯科（俄羅斯）	575(4.2)	▽	▽	▽	▽	▽	▲	▲	▲	▲	▲	▲	▲	▲	▲	▲	▲	▲	▲	▲	▲	▲	▲	▲	▲	▲	▲	▲	▲	▲	▲	▲	▲	▲	▲
魁北克省（加拿大）	543(3.7)	▽	▽	▽	▽	▽		▲	▲	▲	▲	▲	▲	▲	▲	▲	▲	▲	▲	▲	▲	▲	▲	▲	▲	▲	▲	▲	▲	▲	▲	▲	▲	▲	▲
杜拜（阿拉伯聯合大公國）	537(2.0)	▽	▽	▽	▽	▽		▲	▲	▲	▲	▲	▲	▲	▲	▲	▲	▲	▲	▲	▲	▲	▲	▲	▲	▲	▲	▲	▲	▲	▲	▲	▲	▲	▲
安大略省（加拿大）	530(4.3)	▽	▽	▽	▽	▽	▽	▲	▲	▲	▲	▲	▲	▲	▲	▲	▲	▲	▲	▲	▲	▲	▲	▲	▲	▲	▲	▲	▲	▲	▲	▲	▲	▲	▲
西開普省（南非共和國）（九年級）	441(4.4)	▽	▽	▽	▽	▽	▽	▽	▽	▽	▽	▽	▽	▽	▽	▽	▽	▽	▽	▽	▽	▽	▽	▽	▽	▽	▽	▽	▽				▲	▲	▲
阿布扎比（阿拉伯聯合大公國）	436(2.9)	▽	▽	▽	▽	▽	▽	▽	▽	▽	▽	▽	▽	▽	▽	▽	▽	▽	▽	▽	▽	▽	▽	▽	▽	▽	▽	▽	▽					▲	▲
豪登省（南非共和國）（九年級）	421(3.0)	▽	▽	▽	▽	▽	▽	▽	▽	▽	▽	▽	▽	▽	▽	▽	▽	▽	▽	▽	▽	▽	▽	▽	▽	▽	▽	▽	▽	▽	▽	▽			

　　2019 年 TIMSS (Mullis, et.al., 2020) 調查臺灣八年級學生數學學習興趣低落，於所參與國家中排名倒數第六，如表 1-2，這樣的結果可能會使學生在未來選擇與數學相關科系的機會偏低，但與數學相關的專業科系，如電機、資訊科學、會計、統計、企業管理、國際貿易、財務管理等科系都與數學密切相關，也就是在就業市場中，有 80% 的科系均與數學相關；再者，於社會快速的變化，如 app 的程式設計與網路消費的普遍化，這些行業在三十年前不存在，但今日興盛。在三十年前盛極一時的企業，或許在今日已不復存在，如何能協助國中小學生對於數學學習提升學習興趣與自信，則是教師刻不容緩的責任。

表 1-2　各國八年級學生對數學的學習興趣與數學成就的關係（曹博盛，2019）

國家或地區	非常喜歡學數學		喜歡學數學		不喜歡學數學		平均量尺分數
	學生人數百分比	平均成就	學生人數百分比	平均成就	學生人數百分比	平均成就	
埃及	42(1.3)	437(5.4)	41(0.9)	396(5.6)	17(0.9)	405(6.4)	11.1(0.06)
摩洛哥	38(1.1)	409(3.0)	40(0.7)	380(2.9)	22(0.9)	368(2.7)	10.8(0.05)
約旦	37(1.3)	441(4.2)	39(0.8)	413(4.8)	24(1.0)	408(5.6)	10.8(0.06)
南非（九年級）	36(0.7)4	03(2.5)	44(0.5)	382(2.6)	19(0.5)	385(3.0)	10.8(0.03)
伊朗	34(0.9)	478(5.1)	39(0.8)	438(4.6)	27(1.1)	418(4.5)	10.6(0.05)
阿曼	31(0.9)	455(3.4)	46(0.7)	396(3.0)	23(1.0)	390(4.1)	10.6(0.04)
土耳其	29(1.0)	539(5.8)	41(0.8)	485(4.9)	30(1.1)	470(4.8)	10.3(0.05)
黎巴嫩	28(1.3)	456(3.6)	44(1.1)	425(3.9)	28(1.1)	413(3.7)	10.4(0.06)
沙烏地阿拉伯	27(1.1)	413(4.0)	36(0.7)	391(3.2)	37(1.0)	386(3.0)	10.1(0.05)
哈薩克	26(1.2)	509(4.9)	54(1.1)	484(4.0)	20(1.1)	472(5.0)	10.6(0.05)
阿拉伯聯合大公國	26(0.6)5	12(3.0)	41(0.6)	471(2.4)	33(0.6)	451(1.9)	10.2(0.03)
喬治亞	25(1.4)	493(6.1)	43(1.1)	461(4.9)	32(1.3)	438(5.3)	10.2(0.06)
巴林	24(0.8)	510(3.4)	36(0.8)	483(2.4)	40(1.2)	462(2.9)	9.9(0.06)
新加坡	22(0.7)	653(4.0)	43(0.7)	624(3.9)	35(0.8)	582(5.0)	10.1(0.03)

國家或地區	非常喜歡學數學		喜歡學數學		不喜歡學數學		平均量尺分數
	學生人數百分比	平均成就	學生人數百分比	平均成就	學生人數百分比	平均成就	
馬來西亞	20(0.8)	498(5.2)	57(0.8)	455(3.3)	23(1.0)	442(4.2)	10.3(0.04)
科威特	20(0.9)	429(7.0)	34(1.0)	406(6.3)	45(1.3)	392(4.4)	9.7(0.05)
以色列	19(1.0)	544(6.3)	36(1.0)	527(5.3)	45(1.4)	505(4.1)	9.6(0.06)
賽普勒斯	19(0.8)	549(3.8)	35(0.8)	513(2.8)	46(1.0)	473(2.4)	9.6(0.04)
葡萄牙	19(0.9)	548(4.7)	34(1.0)	508(3.9)	48(1.3)	477(3.3)	9.6(0.06)
俄羅斯	17(0.7)	583(6.3)	46(0.9)	549(4.7)	37(1.1)	519(5.0)	9.9(0.04)
美國	17(0.8)	561(6.2)	37(0.6)	528(5.0)	45(1.0)	493(4.7)	9.6(0.05)
義大利	16(0.9)	537(4.3)	34(1.1)	513(3.3)	49(1.3)	474(2.9)	9.4(0.06)
羅馬尼亞	16(1.0)	537(6.0)	39(1.1)	486(5.6)	44(1.6)	454(4.8)	9.7(0.06)
卡達	16(0.8)	486(5.6)	39(1.1)	449(5.9)	45(1.4)	424(3.5)	9.6(0.06)
愛爾蘭	14(0.7)	567(4.4)	35(1.1)	537(3.1)	50(1.3)	504(2.7)	9.4(0.05)
智利	14(0.7)	468(5.7)	40(1.2)	449(3.4)	46(1.5)	426(2.9)	9.6(0.05)
紐西蘭	14(0.6)	528(5.4)	39(1.1)	495(4.1)	47(1.2)	460(3.6)	9.5(0.04)
澳洲	13(0.7)	576(5.1)	37(0.8)	536(4.5)	50(1.2)	489(3.4)	9.4(0.05)
香港	13(0.7)	622(5.8)	39(1.0)	595(4.9)	48(1.4)	554(4.4)	9.4(0.05)
瑞典	13(0.7)	545(4.7)	34(0.9)	522(3.4)	53(1.2)	482(2.5)	9.3(0.05)
英格蘭	12(0.8)	552(8.5)	38(1.1)	530(6.6)5	0(1.2)	500(5.0)	9.4(0.04)
挪威（九年級）	12(0.8)	558(4.8)	34(0.9)	524(2.5)	54(1.1)	479(2.7)	9.2(0.04)
立陶宛	12(0.8)	563(6.3)	43(1.2)	531(3.7)	44(1.3)	500(3.0)	9.6(0.04)
臺灣	**12(0.6)**	**685(5.2)**	**33(0.7)**	**643(3.0)**	**56(0.9)**	**579(2.7)**	**9.2(0.04)**
法國	11(0.7)	524(4.8)	43(1.2)	498(3.1)	46(1.3)	459(2.5)	9.5(0.04)
匈牙利	11(0.6)	590(7.0)	32(0.9)	538(4.2)	57(1.1)	491(2.9)	9.2(0.04)
日本	10(0.6)	658(5.3)	34(0.9)	618(3.2)	56(1.1)	569(2.8)	9.3(0.04)
芬蘭	9(0.6)	572(4.3)	34(1.0)	533(3.3)	57(1.2)	485(2.3)	9.1(0.05)
韓國	8(0.5)6	85(5.3)	32(0.9)	638(3.8)	61(0.9)	581(2.8)	9.0(0.03)
國際平均	20(0.1)	530(0.8)	39(0.1)	496(0.7)	41(0.2)4	68(0.6)	

二、培養學生的數學素養

108 年課綱（教育部，2018）十二年國民基本教育課程目標在於素養教育，而數學素養的培養，則基於全人教育的精神，以「自發」、「互動」及「共好」為理念，以「成就每一個孩子——適性揚才、終身學習」為願景，為全國國小至高中的教育目標。

而數學的學習依據數學綱要的發展，從數學是一種語言、一種實用的規律科學，也是一種人文素養出發，課程設計和這些特質密切搭配，應提供每位學生有感的學習機會，培養學生正確使用工具的素養。有以下五項理念。

(一) 數學是一種語言，以下為數學綱要所述：

> 宜由自然語言的題材導入學習文明的發展，語言具有關鍵性的地位。數學的發展是融入自然語言的生活經驗，無論是數量、形狀及其相互關係的描述，都是生活中常見的用語。數學連結文字及符號語言，以更簡潔與精確的方式來理解人類的生活世界。因其簡潔，能夠以簡馭繁，用簡明的公式與理論，解釋各種繁雜的現象；因其精確，可以適時彌補自然語言的不足。數學更是演算能力、邏輯訓練、抽象思維的推手。基於這些優點，數學教學應該盡可能保持學習自然語言的方式，透過實例的操作與解說，精熟概念與演算之後，再逐步進入抽象理論的學習。

數學為一種特殊的語言表達，如數學術語，有理數、無理數、分數、小數等，均為數學語言。再者，若是使用數學符號的算式，如 $1 + 2 = 3$，則更為抽象。所以如何協助學生使用數學語言，從基礎的學習，未來到高階數學的學習，如三角函數或微積分等，數學語言的學習則是數學能力的展現。

(二) 數學是一種實用的規律科學，以下為數學綱要所述：

其教學宜重視跨領域的統整數學被廣泛地應用在日常生活的需求、自然奧祕的探究、社會現象的解讀、財經問題的剖析，與科技發展的支柱等方面，這些看似複雜的應用領域，經過數學的協助分析，總是可以洞見其深處不變的規律。數學，是一門善於處理規律的科學。數學實用的例子甚多，例如：比例可用於各種錢幣的兌換及各種溶液百分濃度的稀釋；利用質數的性質發展出來的加密系統，能夠大幅提高資訊傳輸的安全；指數定律用來協助計算銀行利息的複利、闡明生物成長的速度、計算元素週期的半衰期等；三角除了在測量上的應用，三角函數更有助於描述各種波（如聲波、光波、水波）的研究；統計用於對未知世界的預測以及分析大數據等等。數學應用既是跨領域的，其教學也宜重視跨領域的統整。

數學的規律性，如時間的計算，一年有 365 天，一天有 24 小時，一小時有 60 分鐘，一分鐘 60 秒鐘等。又如統計的使用，可應用到經濟學、醫學、生物學、天文學、股市分析、金融分析、人口成長預估等。數學的應用即在於預測人的生活，能讓生活更為便利。

(三) 數學是一種人文素養，宜培養學生的文化美感

數學能成為一種與自然界對話的語言，是經過人類數千年來一連串探究、歸納、臆測與論證的成果。數學有其內在理路的發展走勢，也因為回應社會的需求，在文明裡扮演不可或缺的角色。人類各種族文明造就出不同的思維文化，例如：古代東方數學偏向具象方式的歸納推理，而西方則傾向抽象方式的演繹思考，數學史能夠幫助我們理解數學發展在不同文化的差異。認識數學的文化面向，不僅有助於讓數學學習從工具性層次延伸到智識性層次，也更彰顯數學知識的人文價值，達到「適性揚才」與「終身學習」的教育目標。

　　數學是一種文化，是一種習慣。從不同國家數學符號的發明、進位系統的使用，可看出國家的文明與特性。從數學的學習中，可尊重與了解多元文化，看到數學過程的發展脈絡。從不同國家數學學者的努力，可以拓展不同的數學視野，產生不同的數學思考。

(四) 數學應提供每位學生有感的學習機會

　　數學與其他領域的差異，在於其結構層層累積，其發展既依賴直覺又需要推理。同齡學生的數學認知發展又有個別差異，學習者若未能充分理解前一階段的概念，必然影響後續階段的學習。課程綱要的編寫以適合多數學生為主。課程綱要的實踐，教學上需藉由鷹架作用加以啟導，適時進行差異化教學及課程規劃，提供每位學生每節課都有感的學習活動機會。對於學習緩慢的學生，可以降緩教學速度，僅著重最基本的內容。對於學習超前的學生，可以設計加深、加廣、專題探究等各類課程，激發學生學習動力。對於學習落後的學生，應考量其學習準備度和學習風格等，規劃補救教學，及時補救；盡可能將補救教學納入正課中，提供適性的指導。

　　每位學生都應學好數學，是每位教師該有的認識。即如何協助學生從已知到未知，發展出從具象、心像到抽象的數學概念；再者，教師應具備專業教師該有的信念，採用建構理念的教學方式，設計具趣味性與活動性的數學課程，使用適當的教具，協助學生真正地了解數學概念。

(五) 數學教學應培養學生正確使用工具的素養

　　工具對於數學教學助益極大。除了傳統教具如圓規、三角板、方格紙等，資訊時代的計算機 (calculator)、電腦 (computer)、網路、多媒體、行動工具等都是有用的學習工具。我國即使在最基本的計算機教學，都遠遠落後於世界各先進國家，因此，本次課綱修

　　訂，重視計算工具的有效運用。計算工具教學應從計算機開始，逐漸引導學生使用各種高階工具。數學是一種規律的科學，計算機及電腦可以協助落實探究活動，惟因計算機的計算有一定的誤差，應強調其使用時機及侷限，培養學生使用計算機的正確態度。學生在熟練計算原理後，為避免繁複計算而降低學習效率，可適當使用計算機，執行複雜數字、統計數據、指數、對數及三角比的計算。實施時機以國民中學及高級中等學校教育階段為宜。教師可在適當時機使用電腦輔助教學。

　　數學與科技的結合，是時代所趨。例如：測量長度，可用手機的 app 模式進行量測，統計的計算，如平均數、標準差等集中量數，可使用 Excel 進行計算。若是使用高階的統計軟體，如 SPSS、LISREL、Latent Gold。於函數使用的軟體，可使用 Graphmatica、MathGV；三角函數的軟體可使用 Graph，空間圖形的軟體可用 GSP 等。其他重要的數學軟體有 Maple、Mathlab、Mathematic 等。

三、教學方法的改變

　　教學方法決定數學教學的有效性，有別於傳統的數學教學方式，108 年課綱強調的是素養的教學，及數學與生活結合，學生要從生活發現數學，解決數學的能力，所以更加開放的教學方式，將是時代所趨。

(一) 有趣的教學方式

　　在與小學教師合作課程的歷程中要能給學生有趣的問題，才可以發現學生的思考與創造力，所以在專業的協助下，老師的能力可獲得提升，亦能勇於嘗試。當老師的觀念改變，隨之而來看到學生的創意與想法後，他們發現了學生思考的價值。

例如：學生可從表 1-3《魯賓遜飄流記》中荒島的人口增長表的活動發現什麼？

表 1-3　　《魯賓遜飄流記》中荒島的人口增長表

年分	居民人數	觀光人數
1900	300	50
1920	600	200
1940	900	800
1960	1,200	3,200
1980	?	?
2000	?	?

提問 1　　看著圖表，謝老師問說：「能看出本人口圖表的特色嗎？」

經由五分鐘的分組討論後，代表第一組的小強回答說：「荒島上的居民二十年後的人是它前面的一倍，我們認為在 1980 年時是 300 的 5 倍，2000 年是 300 的 6 倍。但是觀光人口增加的數目好像和居民增加的情況不同，我們這組還在討論觀光人數的特性。」代表第二組的文娟回答說：「觀光人數的增加是 2 倍、2 倍的，增加的速度比居民增加的倍數要快。觀光人數的增加是前二十年增加的 4 倍。我們找出 200 是 50 的 4 倍，800 是 200 的 4 倍等。所以在 1980 年的人數是 12,800 人。」

提問 2　　接下來，謝老師問說：「居民人數和觀光人數有什麼關係？」

第四組的小名說：「居民人數剛開始比觀光人數多，但後來比觀光人數少。但是我還看不出來為什麼是這樣？」坐在旁邊的小強說：「因為他們所增加的方法不一樣，從居民人數來看，每二十年居民多增加了 300 人，也就是 600 是 300 的 2 倍，900 是 300 的 3 倍，1,200 是 300 的 4 倍。但是從觀光人數來看，200 是 50 的 4 倍，800 是 200 的 4 倍，所以每隔二十年是以 4

倍的數字來成長的。因為成長的倍數不同，所以觀光人數的成長很快地超越了居民的人數。」

課程歸納

謝老師補充說，居民人口的數字特性每增加 20 年就增加 300 人，我們在數學上可稱為「等差數列」，若是每隔二十年呈原先的倍數成長，可稱為「等比數列」。

第五組的靜宜說：「那我們臺灣的居民人數和觀光人數相比，是誰比較多呢？」

總結：當進行開放性問題的活動時，學生就會產生不同的想法，而這些想法，才是真正的教學。

(二) 有難度的活動設計

何謂有難度的活動？即設計能激發多元思考的解題策略、形成學生的認知衝突、引起學生的學習動機、釐清學生的數學觀念、發揮學生的創造力與思考力。有難度的教學活動，可以使學生產生興趣，使他們產生想要找到答案的企圖心，以下是國小三年級與四年級學生學習億以上的數的教學實例。

活動名稱　Kitty 貓的活動設計

時間：約兩節課

年級：三年級

教學目標：使學生能加深對千至億的概念，並能診斷學生基礎乘法的能力，例如一位數乘一位數，二位數乘一位數，三位數乘以一位數……至多位數乘一位數的乘法概念。

活動 1　Kitty 貓的活動設計 I

小山要出國 12 天，小山要小華幫他養貓，有兩種付費方式，第一種付

費方式為小山每一天都付給小華 100 元，一直到第 12 天；第二種為小山第一天付小華 1 元，第二天付他 2 元，第三天付 4 元，第四天付 8 元，一直到第 12 天。請問如果你是小華，會選擇哪一種付費方式？為什麼？

活動 2　Kitty 貓的活動設計 II

　　後來小山決定要出國一個月，他發現如果用第二種付費方式，小山在某一天給小華的費用會超過 1 億元，請問是哪一天呢？

活動 3　Kitty 貓的活動設計 III，四年級

　　如果小山第一天付 1 元，第二天付 3 元，第三天付 9 元，第四天付 27 元，第幾天他的金額會超過 1 億元？

活動 4　Kitty 貓的活動設計 IV，四年級

　　如果小山第一天付 1 元，第二天付 4 元，第三天付 16 元，第四天付 64 元，第幾天他的金額會超過 1 億元？

情境敘述

　　在寒假的時候，謝老師要出國，可是他家有一隻貓，叫喵喵，他又不能帶他的喵喵出國，他一定要找一個人，這個主角叫阿花，來照顧他的喵喵。要託付照顧喵喵，總是要謝謝人家，所以謝老師就跟阿花商量如何幫忙看貓。「我要出國好幾天，麻煩你照顧我的喵喵。」阿花說：「好，沒有問題。」既然要給牠東西吃，所以阿花就要幫忙買食物。「我要幫你照顧喵喵，我要給牠東西吃，你總是要給我一點錢吧！第一天只要 1 元就好，第二天 2 元，第三天給 4 元（已經有小朋友叫出 4 元），第四天給 8 元（有小朋友已經叫出 8 元）……。」謝老師原本準備要答應了，後來想一想，哎呀，

不得了了。謝老師數學很厲害，他想：「這樣子下來，錢越來越多，等一下我回來的時候，付不起，怎麼辦？」他回家仔細地一算，這個錢呀，再過幾天，會超過億。

提問1

現在老師的問題是：「你們每一組都要幫忙，到底哪一天，會超過億？」每位小朋友都要一起算。

1. 學生：只要算哪一天嗎？

2. 老師：對，哪一天。

3. 學生：我們答案都不一樣。（第四組學生）

4. 老師：你們三個對對看，看是哪裡做錯了。

5. 學生：（第四組學生開始一起說答案）1、2、4、8、16、32、64、128、256、512、1,024、2,048、4,196、8,192、16,384、32,768。

6. 鄔同學：停……停……後面我知道，後面我錯了。

7. 老師：（在第四組對答案的同時說）你們注意聽一下，第四組在做什麼？

8. 第五組的學生：他們在對答案。

9. 老師：對誰的答案？

10. 第五組的學生：在對他們每個人的答案。

找到解決問題的策略

當同學發現到他們辛苦所算出來的答案與每位同學都不一樣的時候，第四組同學想到了一個辦法，就是大家一起對答案，把有問題的同學找出來。在做這一個過程時，謝老師也提醒其他組的同學注意第四組的解決策略，因為其他組也可能產生不同的答案。透過這樣群體合作的過程，可培養同學同心協力的態度。

（當小朋友都算好後，老師要求每一組派一位同學上去寫他們那組的答案。）

11. 老師：還有哪些組沒有完成？（第一、四、六組同學舉手）沒關係，下課的時候，可以繼續算，現在同學注意，你只需要在黑板上寫下第 26 天、第 27 天與第 28 天的花費就可以了。在下一節上課前，每一組都要把答案寫在黑板上面。

12. 老師：我們現在看一下第三組的答案。

13. 第三組同學：算錯了，都是李同學害的。老師，我們可以再修正一下嗎？

14. 老師：可以再修正一下，沒關係。我們先看一下第一組的答案。第一組對不對？

15. 同學：對。

學生面對與解決衝突

這時候，第三組的其他同學指責這位李同學寫錯他們的答案。但是，這位李同學並未與同學爭執，反而和老師說，能不能再修正一下。在這樣教學的情境中，學生犯錯是很平常的。重要的是，學生能經由嘗試錯誤的過程中，得到正確的答案。

（待六組答案都一致後）

提問 2

16. 老師：我們班上有好多數學高手。現在做下面一題。謝老師要請阿花照顧喵喵，你說老師現在還敢不敢出國呀？

17. 同學：不敢。等到他回來的時候，他不就破產了。

18. 老師：下面老師要換另外一種方式。現在阿花對老師如果要求更多一點：第一天老師要給阿花 1 元，第二天給 4 元，第三天給 16 元，請問哪一天會超過億？

19. 同學：（學生開始討論）

(三) 滿足合作的需求

合作學習是 12 年一貫課程的發展方向，依課程標準將合作列為重要能力，如討論、質疑、辯證、發表等（教育部，2018）。

以下是有關角度教學，可看到學生所面臨到的質疑、辯證的過程。

活動 1　角度與時鐘

時間：約兩節課

年級：四年級

教學目標：使學生能使用時鐘產生旋轉角的概念。

情境敘述

你可以發現時鐘的時針與分針在不同的時間會有不同的夾角。請問從 1 點整到 12 點整，哪一個時間所出現的夾角最大，哪一個時間所出現的夾角最小？以下共有 7 個問題，你可以幫老師找出來嗎？

請同學找出 1 點整、2 點整、3 點整、4 點整直到12 點整，分針與時針的角度為何？

時間	1:00	2:00	3:00	4:00	5:00	6:00	7:00	8:00	9:00	10:00	11:00	12:00
時針與分針的夾角												

1. 幾點的時候，時針與分針是直角的關係？
2. 幾點的時候，時針與分針是銳角的關係？
3. 幾點的時候，時針與分針是鈍角的關係？
4. 幾點的時候，時針與分針是 180 度的關係？
5. 幾點的時候，時針與分針的角度最小？
6. 幾點的時候，時針與分針的角度最大？
7. 除了 3 點與 9 點是直角之外，有沒有其他的時間是直角？

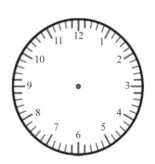

提問 1　幾點的時候，時針與分針是直角的關係？

1. 老師：那老師問你們，剛剛老師轉時鐘時，時針跟分針有沒有一個角度？
2. 學生：有。
3. 老師：那 1 點鐘的角度跟 2 點鐘的角度有沒有一樣？
4. 學生：不一樣。
5. 老師：再看一下老師轉 3 點鐘的角度。
6. 學生：90°。
7. 老師：好，現在看 1 點、2 點、3 點，直到 12 點，時針跟分針的角度是多少？請把它記錄下來，在數學作業簿上畫一個表格。兩個小朋友一組。

　　學生：

時間	1:00	2:00	3:00	4:00	5:00	6:00	7:00	8:00	9:00	10:00	11:00	12:00
時針與分針的夾角	30°	60°	90°	120°	150°	180°	210°	240°	90°	120°	150°	180°

發現問題：要如何表示度？

8. 老師：第一組 1 點量 30°，大家是不是都是量 30°？
9. 學生：對。
10. 老師：2 點時是 60°（唸完答案至 12 點），老師發現大家寫的時候有點不太一樣，為什麼有的小朋友 30 上面有個小句號，有的沒有？
11. 學生：那個是角度。

發現問題：超過量角器的 180° 可以嗎？

12. 老師：所以 90 到底是什麼？90 的「°」要加得剛剛好，不要太大，下次要記得，不是要寫國字的「度」，就是要寫「°」。那都是加

30°，為什麼 7 點和 8 點有問題，量角器最多到 180°，為什麼會有 210°？

13. 學生：因為是問角度，沒有規定一定要在 180° 以內。

14. 學生：6 點是一條線。

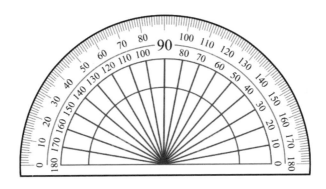

發現問題：每個時間有兩個答案，可以嗎？

15. 老師：剛剛有沒有規定一定要從長針量到短針，或從短針量到長針？

16. 學生：沒有。

17. 老師：那會有幾個答案？

18. 學生：2 個，因為有些人會從長針量到短針，有些人會從短針量到長針。

19. 老師：那第四組你們是不是由長針量到短針？有些人說這樣不行，那這樣到底可不可以？

20. 學生：可以。

21. 老師：那第五組說可以的話，為什麼第五組只有寫一個 90°？

22. 老師：小明說，時鐘最大到 180°，是在 6 點時，那你們說呢？那現在從 7 點開始量 2 次，一次是從長針到短針，一次是從短針到長針，量量看，會有 2 個不同的角度。

7:00	8:00	9:00	10:00	11:00	12:00
150°	210°	90°	60°	320°	0°

發現規律：每隔 1 小時差幾度？

23. 老師：5 點和 6 點差幾度？

24. 學生：30°。

25. 老師：有人說，老師它一直增加一直增加，可是到 9 點鐘時忽然變小了，只剩 90°，為什麼它會變 90°？為什麼 240° 會變 90° 呢？

26. 學生：有同學從另一邊的短針量到長針。

27. 老師：到 11 點了，有人提出問題。

發現錯誤：有同學算錯

28. 學生：不是加 30 嗎？300 + 30 = 330，所以應是 330 而不是 320。

29. 老師：12 點是 360° 跟 0° 這 2 個答案，告訴老師哪個答案錯了？

30. 學生：都是對的，可從兩邊開始量（應是逆時針與順時針開始量）。

31. 學生：8 點是 120°。

32. 學生：12 點不是 180°。

33. 老師：大家把時鐘一起撥到 12 點，那 6 點和 12 點到底是哪一個錯？應該幾度？

34. 學生：12 點應該是 0°。

35. 老師：因為它的 2 個針連在一起，那還有哪裡有錯？

36. 學生：10 點應該是 60°。

37. 學生：11 點應該是 30° 跟 330°。

38. 老師：那剛剛那個小朋友怎麼量出 150° 的？

39. 學生：因為量成一條線減掉 30°。

40. 老師：（答案訂正在黑板上後。）

時間	1:00	2:00	3:00	4:00	5:00	6:00	7:00	8:00	9:00	10:00	11:00	12:00
時針與分針的夾角	30°	60°	90°	120°	150°	180°	210°	240°	270°	300°	330°	360°
	330°	300°	270°	240°	210°	180°	150°	120°	90°	60°	30°	0°

課程歸納

　　經過了兩節課後，學生終於發現時針和分針有兩個角度，因為量角器的限制為 180 度，讓學生認為最多的度數只有 180 度，顯然這個認知是錯誤的。再者，學生認為時針和分針的角度只有一個，事實上，每一個準點的時間，都有兩個角度，學生經過了兩節課的辯證時間，終於發現了一個真理，答案有兩個。

　　若老師直接說出答案，兩分鐘就解決了，為什麼要花兩節課的時間討論這一件事，而不是讓教師直接說出來呢？其實這是一個教師信念的問題，教師相信學生要能自己找出答案。讓學生找出答案的方法，遠比給學生答案重要。

(四) 生活化的數學

　　數學與生活結合，是學生要能連結數學的概念應用至生活中，如學生在有限的經費中，規劃畢業旅行的行程等。所以如何強化學生在連結的能力，才是數學素養的核心。以下的活動為新年的教學設計，要求二年級學生設計年曆。

活動 1　許下一年的願望

　　時間：約兩節課

　　年級：二年級

　　教學目標：設計年曆。

情境敘述

　　新年新希望，請每個人寫出自己的願望，挑出全班共同的願望，分組討論如何達成願望，並擬出年度計畫。

提問 1　今年有幾天

1. 教師：今年有幾天？

2. 學生：365天。

3. 教師：怎麼計算？

4. 學生：$31 + 28 + 31 + 30 + 31 + 30 + 31 + 31 + 30 + 31 + 30 + 31 = 365$。

5. 教師：每年都是 365 天嗎？

6. 學生：不是。

7. 教師：還有其他的嗎？

8. 學生：有 366 天。

9. 教師：一年有 365 天叫平年（平常的一年），有 366 天的叫閏年。平年和閏年差在哪一天？

10. 學生：2 月有 28 天是平年，2 月有 29 天叫閏年。

11. 教師：回家查一查，為什麼有閏年和平年的分別。我們來查一查哪些年是閏年？哪些年是平年？

　　（教師點出要查的年度，老師在虛擬教具叫出年曆。幾次後讓學生記錄並察覺平年與閏年的規律。）

12. 教師：發現了什麼？什麼時候會是閏年？什麼時候會是平年？

13. 教師：明年是閏年還是平年？

製作月曆：1 月

星期日	星期一	星期二	星期三	星期四	星期五	星期六

製作月曆：2 月

星期日	星期一	星期二	星期三	星期四	星期五	星期六

活動 2　行事曆

1. 教師：我們來製作下週的行事曆。

2. 學生：（全班一起分組做下週的行事曆。）

3. 學生：（分組發表。）

4. 教師：（檢視行事曆的行程表，檢視與比較六組的行事曆。）

5. 教師：做了哪些事花的時間最多？

6. 學生：（自由發表。）

7. 教師：從行事曆中還發現哪些事？

活動 3　假期規劃

1. 教師：快過年了，又有漫長的寒假，我們一起來規劃「假期」。

2. 學生：（分組規劃。）

3. 教師：出遊的時間是幾月幾日到幾月幾日，共幾天？

4. 教師：老師環島花了一週的時間，從 1 月 25 日星期一開始到幾月幾日？你怎麼算？

5. 學生：（發表算法。）

6. 學生：（分組發表「假期規劃」。）

四、激發學生的最大潛能

謝如山 (2004) 提及 Piaget 設計活動的目的在於能激發孩子最大的潛能。孩子到底會什麼，永遠是身為大人的我們所不了解的，我們能做的就是觀察、發現。而透過活動的設計與實驗才知道這些活動是否適合學生的學習。所以要設計能激發孩子最大潛能的活動，應是教師要有的專業，唯有透過數學活動的刺激，學生的學習才會更加積極，更有數學的思考能力。

以下為 100 以內的數的課，筆者使用 2 個活動，活動 1 為教科書的活動設計，活動 2 為探究活動的教學設計，從 2 個活動可看出課程設計的做法不同。

活動 1　翰林版教科書二年級上學期第一單元（翰林，2020）

於課本中，教學的方式全都以問題的形式呈現，屬於問題解決的教學方式。

第二單元：200 以內的數

氣球攤上有好多氣球，你覺得有超過 100 個嗎？

問題一：板子上有 90 個氣球，90 個再多 10 個是幾個？再多 10 個呢？

問題二：現在有 180 個氣球，再多 10 個呢？再多 10 個呢？

問題三：老闆做了 99 個麻糬，99 個再多 1 個是幾個？再多 1 個呢？

問題四：現在有 104 個麻糬，再多 1 個是幾個？再多 1 個呢？

問題五：現在有 108 個麻糬，再多 1 個是幾個？再多 1 個呢？

在上面的教案設計中，可以發現教科書的內容先用以 10 為跳數的方法，如 90、100、110 建立學生的位值概念，之後再從 99 加 1 的方式，建立學生 100 的位值概念。但是在探究式教學的實驗課程，需先建立學生對 100 以內數的概念，再進入較深的運算，所以比較著重教學銜接的過程，也強調經由學生已知的概念，引導至學生未知的知識，如下所述。

活動 2　100 分的感覺（兩節課）

教師：（先問學生）你喜歡 100 分嗎？為什麼喜歡或不喜歡？100 分的
　　　感覺怎麼樣？對家長、對老師、對你自己的含義各有什麼不同？

活動方式

(一) 全班分六組進行，每組五至六人，以擲骰子代表每天的得分。同組的每
　　 個人都要算對答案，這一組才算通過滿分測驗，所以是否每加一次，需
　　 要互相檢視一下？應該以什麼態度提示同組的同學？你喜歡別人如何提
　　 示你？是不是最先達到 100 分就好？一個人作主就好了嗎？還是需要
　　 「一起快樂地打分數」？請學生先討論：除了速度與正確度，諧和的氣
　　 氛是否需要列入評分？各占幾分？

(二) 組內各學生輪流擲骰子，每組骰子三枚，將每次所擲得的數持續相加。
　　 每加滿十的時候，向教師換一個橘色積木，看誰最先加滿一個百格板。

　　1. 老師：那我想要請問你們，你們最喜歡什麼分數？

　　2. 學生：100 分。

　　3. 老師：那我想請問你們，你們為什麼喜歡 100 分？

　　4. 學生：因為比較喜歡高的分數。

　　5. 老師：那為什麼比較喜歡高的分數？

　　6. 學生：回家才不會被爸爸打。分數高有獎品。分數越高越好。這樣可
　　　　　　 以考上大學。這樣會有獎品。

　　7. 老師：你現在最大的願望就是回家才不會被爸爸打。分數高有獎品。
　　　　　　 分數分數越高越好。這樣可以考上大學。這樣會有獎品。

　　 從學生的背景中了解什麼是 100 分，為什麼要考 100 分。本活動旨在與
學生的生活結合，和學生探討 100 分的用處。在二年級學生的想法中，他們
喜歡 100 分是因為滿分，是沒有發生錯誤後的結果。令人驚訝的是，學生會
講說，他們可以考上大學，並且會有獎品。在學生的想法中，成為大學生是
件很幸福的事，所以從這樣的單元中，可以看到學生對其他方面的想法。在

班上可能也有小朋友聽不太懂其他小朋友在說什麼，所以透過全班的發表，不但可以訓練同學的發表能力，也可以開拓學生的視野。由學生的日常生活引入，學習 100 的單元，為引起動機的部分。

8. 老師：那開始為自己打 100 分的簿子好不好？為了 100 分，看你做好事情就給自己加分。例如你們今天做得很好，為自己加 3 分，明天又做了件好事，又為自己加 5 分，那 3 分加 5 分是多少？

9. 學生：8 分。

10. 老師：那又再加 7 分，8 分加 7 分是多少？

11. 學生：14 分。

12. 老師：是 14 分嗎？

13. 學生：是 15 分。

14. 老師：喔！那你們看要加到 100 分不是那麼容易，我們來練習看看，你會不會為自己加到 100 分。那老師們就會給你很可愛的計分板。好，來試看看，老師先給你們一個東西（古氏積木），來先把作業簿翻開，每一頁有幾格？告訴老師。

15. 學生：8 格。

16. 老師：那我們把今天加 3 分，明天加 5 分，3 加 5 等於 8 寫在第一格。

　　從情境中讓學生理解得 100 分是不容易的，如老師提醒 3 分加 5 分再加 7 分，得到的是 15 分。雖然學生剛開始可能出現錯誤的答案，但是經由提醒後，他們的回答已作出修正。由於學生可能不知道如何填寫答案，所以老師在行 12-13 中做出指導。

17. 老師：我們之前是不是有玩過骰子，那麼現在一個人一個人輪流丟，比如說，第一次丟到 6，然後第二次丟到 1，那我要怎麼辦？

18. 學生：6 加 1。

19. 老師：那 6 加 1 等於多少？

20. 學生：7。（老師在黑板上畫圖表，跟學生討論如何書寫記錄格式。）

21. 老師：在第一格記錄 6 加 1，之後呢？

22. 學生：加起來。

23. 老師：那 7 要放在哪？

24. 學生：放在下面。

25. 老師：那第二格呢？7 要放上去嗎？

26. 學生：要。

27. 老師：那第三次擲出來是 3 點，那要怎麼辦？

28. 學生：加上去。

29. 老師：那是多少？

30. 學生：7 加 3 等於 10。

31. 老師：但是這裡頭還有一個程序，你們會說這樣一直加有什麼好玩？那還要發小白積木，你們就數數看你們的小白積木，若是超過 10 個要怎麼辦啊？你們看這邊有個橘色積木，你們數數看有幾格？

32. 學生：10 個。

33. 老師：對，是 10 個。那數 10 個白色積木就換成 1 個橘色積木。（之後，老師就再講解遊戲規則，組內每個人輪流擲一顆骰子，之後記錄點數，並用古氏積木將點數擺出，看誰先數到 100 點。接著學生開始活動，老師也巡視各組間的活動，並排解各組發生的問題。）

34. 老師：來，數到 100 的，各位同學互相檢查一下。（之後給予先完成的同學鼓勵嘉獎，並和學生收拾教具，結束這一堂課。）

　　從上述，老師解答學生有關丟擲骰子的問題，並協助學生如何將算式記錄下來，當然，學生可以用他們自己的方式來記錄。若是學生不會記錄，或是覺得用心算太難，他們可以藉由輔助工具，如古氏積木來協助他們計算，再做出記錄。但是，這些不同的記錄方式需經由學生的討論，再由老師做出最後的總結，如當使用直式記錄後，為了要使一般人能清楚知道答案，故用

橫式來做表達。

　　從上述的教學活動，可以看出開放性與傳統教學的差異性，如表 1-4 可從教師信念、教師教學、課程設計、學生學習、評量方式、理論依據、代表學者等向度，比較傳統教學與開放性教學的觀點。

表 1-4　傳統教學與建構教學的觀點

向度	傳統教學觀點	開放性的教學觀點
教師信念	1. 採用行為學派的方式，促進學生學習，如用刺激反應論的觀點、用正增強與負增強的方式，進行教學與學習。 2. 學生需被動學習。 3. 所有知識需經教師主動教學後，學生才可學會。 4. 知識需要累積與熟悉。 5. 學生需依教師教導正確的計算過程，如減法直式的借位過程才能將數學學好。 6. 僅部分的學生可學好數學。 7. 教師以權威的方式進行教學，教師在上，學生在下，教師主導學生的學習。	1. 採用認知學派的觀點，如引起學生學習動機，採用自我建構與社會建構的理念設計課程。 2. 學生可自發性地學習。 3. 學生入學前，即有很多數學知識，他們可從生活學會數學，即自我建構的過程。 4. 知識的學習是經由思考的過程。 5. 學生能自發性地找出解決策略，如減法直式，可用數字拆解的方式，獲得答案。 6. 可讓所有的學生學習數學。 7. 教師以平等的方式，與學生互動，為促進數學思考，引導學生學習。
教師教學	1. 採用直接講述法，單向傳授知識，是最快、最有效的方式。 2. 要求學生背誦公式、反覆練習。 3. 數學就是解題。 4. 只能用教科書的方式進行解題。 5. 教師為節省教學時間，不需	1. 教師採分組合作教學，學生與學生，學生與教師可相互討論，解決問題。 2. 教師引導學生進行公式證明，以了解公式源由。 3. 數學是思考的訓練，教師需引導學生找出解題的策略以解決生活的問題。 4. 可用多元的方式解題。

向度	傳統教學觀點	開放性的教學觀點
教師教學	使用教具，因為教具對數學學生的協助有限。 6. 教學經濟、快速，教師可掌控教學進度與時間。 7. 無法掌控個別學生學習情況，只能透過考試評定學習成效。	5. 教具很重要，要協助所有的學生理解數學概念，必須使用教具，以促進學生對數學概念的了解。 6. 教學過程費時，教師需看到學生的思考表現，教學進度與時間依學生學習情況決定。 7. 教師可隨時掌握學生學習成效，當學生產生學習困難時，可及時解決。
課程設計	1. 課程設計由簡入深，需依序進行，如依加、減、乘、除的教學程序，依進度教學。 2. 學習以考試為主，經由不斷地考試，可由評量方式檢測，才能提升學生學習分數，提升數學的學習成效。 3. 教師由下而上，即從基礎到進階的學習方式，進行課程設計，即編序教學法的方向，要由學生按部就班的學習方式。	1. 課程設計採活動與遊戲課程，可由活動同時引入加法或乘法，減法與除法，學生透過分組合作等社會建構過程即可學會。 2. 考試只是評量學生所學，反映教師的教學成效；教師應設計有效的教學活動，協助學生了解數學的概念，才能解決學生問題。 3. 教師由上而下的教學設計，即中高難度的課程，學生需與同學相互討論後，建立所需基礎知識與進階知識概念。
學生學習	1. 經由教師教學後，學生只需自己會做數學即可。 2. 數學學會與否，即在於考試時是否獲取較高的分數。 3. 需背誦公式，套用公式以快速解題，不需對所學的問題深入探討，以節省時間。	1. 全班同學需經由討論、質疑、辯證與發表等過程，可了解與發明不同的解題策略，才真正地會數學。 2. 數學的學習不是為了考試的分數，而是對於數學知識的學習，培養驗證與思考的邏輯思維能力，以解決生活的問題。 3. 需驗證公式的合理性，並對每一題的過程深入探討，了解是否有

向度	傳統教學觀點	開放性的教學觀點
學生學習		不同的解決方式，追根究柢，以進行數學思考，強化學習的基礎。
評量方式	1. 僅用紙筆測驗進行考試，以成績決定學生數學成就。 2. 依升學導向，建立評量機制。	1. 使用紙筆評量、上臺發表的實作評量、教具操作的動態評量、觀察記錄等檔案評量等多元評量，決定學習成效。 2. 依學習思考建立評量機制，除需有成就表現外，學生能從數學的訓練，培養提問、質疑、發表與邏輯思辯能力。
理論依據	行為學派，訊息處理理論。	認知學派，建構理論，社會建構理論，結構主義。
代表學者	R. Gagne; I. Pavlov; B. Skinner; E. Thorndike	A. Baroody; J. Bruner; C. Fosnot; H. Ginsburg; D. Grouws; J. Kaput; J. Piaget; L. Steffe; E. Silver; K. Travers; L. Vygotsky

課後問題、請完成下列的問題

1. 整體而言，請評鑑您對數學教學的看法？

_____

_____

2. 當您是學生時，請描述您對學習數學最難忘的學習經驗，什麼激發了您對學習數學的興趣？

_____

_____

3. 什麼時候是您學習數學最不好的回憶，為什麼？

_____

_____

4. 您覺得學習數學最重要的理由是什麼？

_____

_____

5. 您覺得數學教育和數學側重的層面各是什麼？

_____

_____

6. 您能評判一下您對教數學的熱心程度為＿＿＿（5 是最高，1 是最低）？

_____

_____

7. 您能評判一下您對自己教好數學的專業程度為＿＿＿（5 是最高，1 是最低）？

_____

_____

8. 你認為目前數學教師最需解決的問題是？

_____

_____

第 2 章

數數的教學實務

有鑑於臺灣 108 年提出十二年國民基本教育提升數學素養的重要（教育部，2018），本章整理數數的課程標準、數數相關的文獻與相對應的教學活動。

一、課程標準：NCTM (2000) 與教育部 (2018) 的比較

數與計算	NCTM	臺灣數學能力指標
理解數字，數字的表徵方式，數字的關係與數字的系統	·能理解數數，並能處理一堆東西有多少？ ·能用不同的方法對十進位的位值產生初期概念的發展。 ·理解位值概念及非負整數數量、順序與整體量關係的連結。 ·發展非負整數的數感，並使用彈性的方式來表現，如數字的重組與拆解。	N-1-1 一百以內的數：含操作活動。用數表示多少與順序。結合數數、位值表徵、位值表。位值單位「個」和「十」。位值單位換算。認識 0 的位值意義。

NCTM 提出數與計算向度，如理解數字、數字的表徵方式、數字的關係與數字系統的向度，提出 4 個指標。

1. 能理解數數，並能處理一堆東西有多少？
2. 能用不同的方法對十進位的位值產生初期概念的發展。
3. 理解位值概念及非負整數數量、順序與整體量關係的連結。
4. 發展非負整數的數感，並使用彈性的方式來表現，如數字的重組與拆解。

　　第 1 與第 2 個指標在於學童要能理解數數，處理一堆東西，且能用不同的方法對十進位的位值有初期概念。這些方法即為使用不同的教學策略，如使用教具與生活的情境。教具有數棒、錢幣、花片，生活的情境則要將數學與生活結合，即為數學素養的概念。

　　第 3 個指標為學生要能理解位值概念，順序與整體量關係，於此可看出有三個重點，第一為位值、第二為順序、第三為整體量。舉例來說，1、2、3，即為順序，而 3 可以代表的是有 3 個整體的量，而位值概念，則需讓學生了解 12 中的 1 代表 10，2 代表 2 的位值數量概念。

　　第 4 個指標為學生需發展出非負整數的數感，並使用彈性的方式來表現，如數字的重組與拆解。於美國課程標準提到數感概念，即學生要了解 5、10、20 等數字大概是多少，之後他們可以使用數字拆解來解決數數的問題，例如：5 可以被拆解為 2、3，或是 1、4。5 會大於 4，也大於 3，這些都是數字拆解。而臺灣的能力指標，並沒有提及這些數字拆解與組合的要求。

　　相對於臺灣的指標，如 N-1-1 著重於用數表示多少與順序，結合數數，使用位值表徵，能進行位值的單位換算等，重在數學操作的步驟，而非著重於教師應使用不同的策略以協助學生建立數數的觀念。

二、數數概念

　　學齡前與低年級的學童可從生活中學習數學概念，如在爬山、走路、參觀動物園及遊樂園時，就可以從生活現象找到數數的學習機會。

　　在一年級的學生中，常會見到學生使用手指來數算，這時有些老師會制止，因為數算的過程很慢，為要求學生心算，所以會禁止使用手指。但是使用手指是學童進行數算的唯一方式，當他們在熟悉數算後，才會發展出心算等較為高階的計算概念。

　　Piaget (1965) 對數的看法有以下三點：

1. 數的本質：把數看作是連續的類別，每一個數都是等值、個別且同質的單位所形成的整體。為了讓兒童能計量一堆東西，須先建構各類別所涵蓋的關係，例如：「基數」(cardinality)或「數字」(number) 為具有相等、個別且可用來排序的單位。

2. 對應關係：發展「一對一對應」(one-on-one correspondence) 的關係是建構數概念的基本條件，因為「一對一對應」是衡量兩組集合是否等量，最直接也最簡單的方法。提出四種對應的型態，包括相似物間的對應、異質互補物的對應、一對一的交換，以及選取與圖示等量之籌碼；其中後兩種為動態式對應，兒童須具備基數的概念方能操作。

3. 計數 (counting)：兒童達到具體運思期，計數才會有數字意義，因對運思前期的兒童來說，計數能力與數的保留概念並無關連，計數是一種方法，數量是一個量的概念。

許惠欣 (1992) 提出幼兒學習數概念的順序：

1. 合理性的計數 1～10：包含背誦式計數、一對一的對應、基數原則及順序無關原則等綜合技能。

2. 1～10 集合的指認：要能說出或做出某一特定數字之集合，了解相繼數字間有「多 1」的概念，了解數的共同屬性是指兩集合含有相同的基數而言。

3. 以計數或圖表的方法比較數的多寡或一樣多。

4. 運用點的形式或撲克牌，不經計數歷程，訓練 5 以內的數量速認。

5. 數的保留概念：了解一個集合的基數不會因為形狀、空間位置變換而改變。

6. 1～10 的介紹：在幼兒真正了解基數概念之後，可利用三階段教學法、連連看的遊戲來介紹。第一階段是感官知覺與名稱的聯合，第二階段是依照名稱來辨認物，第三階段是記憶並說出物的名稱。

7. 運用不連續量的東西，如籌碼、鈕扣、銅板等，讓兒童做出某個數字的集合數，以學習數字與數量。

有關數數的原則參考 Gellman 和 Gallistel (1978) 提出數數的五項原則：一對一對應 (one-one correspondence)、固定順序 (stable order)、整體量的意義 (cardinality)、深思法則 (abstraction) 及順序無關法則 (order-irrelevance)。以下分述之，引自謝如山與潘鳳琴 (2014, p54)。

1. 一對一對應：此原則要求一個數字須對應一個物件。另外，在一對一對應法則的規範下，學童要能將不同對應的數字，讀成相對應的發音。

2. 固定順序：經過一段時間後，學童開始無意義背誦數數的順序。3 歲的學童可能對一堆數字數出的結果都不相同，到最後會出現固定的結果。他們可能會用我們所接受的法則，或是用他們自己的方式 (Gelman & Gallistel, 1978)。例如：從 1 到 10，小明數出的方式是「1、2、3、4、5、6、7、8、9、10」，但是，小華數的結果是用他自己的版本「1、2、3、4、5、6、8、9、10、18」。

3. 整體量的意義：這是學童對最後一個數字理解其特殊的含義——也就是同時代表這個數字的念法及代表全部的數。例如：學童數出 1、2、3、4、5，5 代表的是最後一個數，同時也代表全部的五個數字。通常可透過「有多少？」的問句來測出學童是否有這個概念。根據 Gelman 和 Gallistel (1978)，當學童有了一對一對應與固定順序的概念後，才會對數字產生整體的概念。

4. 深思法則：學童在這個階段能辨別什麼是可數的、什麼是不能數的。這時他們不但會數出同樣類別的物品，就算是不同形狀、大小、顏色的東西都會拿來數。有些學者提及 2 至 3 歲兒童能數出不同種類的玩具，同樣地他們也可辨別聲音和動作的次數(Gelman & Gallistel, 1978; Schaeffer et al., 1974; Wynn, 1990)。

5. 順序無關法則：Gelman & Gallistel (1978) 提及學童在 4 至 5 歲的時候，可有順序無關的觀念。也就是他們會發現不論是從左往右數，或是由右往左數，所產生的結果都不會改變。

會數數與理解數量概念是不同的。數數是一個動作，一個整體量代表的是全部數量的名稱，學童需在這兩者不同的概念產生連結。當一位 4 歲學童了解最後一個數是數量整體的關係，就代表他具備整體量的概念。

(一) 國內相關的數數文獻

國內有關數數相關概念的教學研究，亦相當多元，如陳品華與陳俞君 (2006) 發現國內幼教教師從小班以前即可進行唱數、一對一對應、認讀數字、比較及計數與數的保留之教學，陳彥廷與柳賢 (2007) 指出確有許多教師這樣進行。與此相應，有些教育工作者（如陳彥廷、沈雅萍、許睿芸，2007；黃意舒，2002；蔡葉偉、朱芳美、桂亞珍，1998；謝如山，2000）針對幼兒數概念之教學進行探究與論述。因此，國內目前雖然未有經過教育部審定之教材可供參考，惟大部分的幼兒園仍會透過正式或非正式課程，導入數概念的學習活動。袁媛 (2001) 指出幼兒至少能正確無誤地數出數詞 1 至 30，且絕大部分幼兒已具有很好的數數技能。

潘世尊 (2009) 更進一步探究 4 至 6 歲幼兒對數數策略的運用及減法類型的表現差異；謝如山 (2014) 則取樣國內 540 位 3 至 9 歲兒童，建立國內幼兒數概念的常模參照測驗。

有些研究者以角落教學、繪本教學或圖畫書融入數學教學等，探究對幼兒數概念發展的影響（林易青，2006；張天慈，2006；黎佳欣，2008）。

三、數數的教學

數數的教學活動為一年級，本章所提出的教學活動為建立學生 1 到 10 的數字概念。活動學習階層與活動分述如下：

(一) 數數活動學習階層

以下共有 6 個教學活動。

> **一年級**
>
> 活動 1：建立 0
>
> 活動 2：介紹數字 1
>
> 活動 3：發展 1 到 9 的數字符號
>
> 活動 4：流星火焰樹
>
> 活動 5：認識 10 以內的數：糖果棒
>
> 活動 6：建立 10 以內的心像概念

(二) 數數的教學活動

以下的教學活動為筆者與新北市頂溪國小教學團隊共同進行的數字小精靈課程，介紹 0 與數字 10 以內的數概念。

1. 設計概念

本主題有 4 個活動，第 1 個活動是建立 0，數字小精靈，在於建立學生對符號的感覺，透過活動自己創造零的符號。發揮學生的創造力。

第 2 個活動是介紹數字，引入 1 到 9 的組合概念，讓學生有 2 個、3 個、4 個到 9 個的組合。最後因要使符號的表達都能夠讓其他人了解與接受，才使用較方便的阿拉伯符號。

第 3 個活動是 10 個小精靈，本活動提示學生 10 的初步概念，從 10 個小精靈會有奇妙的變化開始引入，會變成另一個大的數字精靈。應用組合遊戲的方式正式介紹數字符號 1 到 9 的寫法。所以本主題的活動為先讓學生感覺，再創造他們心中的符號，再適應一般正式的寫法，最後他們會書寫正式的符號。

第 4 個活動是流星火焰樹，即建立 10 個數字小精靈與顏色的對應關係，應用古氏數棒的顏色，如 2 是紅色、4 是紫色等，建立學生於顏色與數字的連結。

2.情境設計：數字小精靈

活動 1　建立 0

　　以「無中生有」的成語，先建立「0」（混沌，什麼都沒有）與「1」（盤古開天）的概念，以及無限數的出現（化身萬物）。並引導學生如何分組討論，請學生分組輪流在本組內發表「沒有」應該是什麼形狀？

很早很早以前，
地球沒有生出來！
太陽沒有生出來！
連宇宙都還沒有生出來！

一片什麼都沒有的黑暗！
什麼都沒有是什麼形狀？

什麼都沒有的黑暗很寂寞。
他生了一個孩子！
叫做盤古。
有人這樣看他！
也有人那樣看他！

活動 2　介紹數字 1

　　自從「盤古」出現了之後，化身千萬，就開始有「數字」，也開始有了數字的生命：數字小精靈。小精靈們有一個屬於自己的世界，乾淨、豐富、美麗、有最純潔的色彩、有最真誠的愛心，不論是哪一種生命，或哪一種無生命，在數字小精靈的眼中，都是平等的、值得被愛的、願意與他在一起玩的。所以，雖然數字國與人的世界重疊在一起，但只有最純真、不自私、懂得愛世上一切事物的人，才知道數字小精靈的存在。數字小精靈最喜歡玩，尤其是你感覺到「一個一個」的時候。

　　比如說：「一張桌子」，這個東西你只要在心裡一想到，站在這張桌子上的小精靈就高興地跳起舞來，他跳得很高興喔！「1」就是一個，一張桌子有「1」個小精靈，我們說「1」張桌子、這是「1」枝筆、這是「1」個手指頭、這是「1」張紙。我們來看：這就是我看過的一個數字小精靈（給學生看 1），我們人類替他畫了一個簡單的畫像，而且給了他一個名字，叫做「1」。

盤古想把「1」個自己變得更多！
他倒下來，身體變成太陽、月亮、大地、樹和人身……
生命國開始！
1 個、1 個、又 1 個……

數字國也開始，
1 個、1 個、又 1 個……

生命國與數字國，
重疊著兩個看得見的與看不見的世界！

活動 3　發展 1 到 9 的數字符號

　　如果我看到兩枝鉛筆，就是有幾個「1」精靈呢？對！兩個，兩個「1」精靈在一起。數字小精靈在一起最喜歡玩組合遊戲，兩個「1」，組合在一起，就是「2」，我們人類也給他們一個名字：2。三個 1 就是 3，四個 1 就是 4……九個當然就是 9 了。你們猜猜，1 個數字小精靈，會是什麼形狀？這些組合起來的 2、3、4、5、6、7、8、9 數字小精靈，又會變成什麼形狀？

　　十個數字小精靈碰到一起時，會產生「魔術大變身」，十個數字小精靈變成了一個，而且跳到新的位置，原來的位置空空的，什麼都沒有了。

教學引導

1. 討論學習單上各組展示的數字畫像。

2. 老師以手指示意，告訴學生，只要一數數字，愛熱鬧的個位數字小精靈們就跟著來，現在每個指頭上站著一個個位數字小精靈，讓學生數數，寫在學習單上。教師也可以舉眼前見得到的例子，例如一組有幾個人？桌上有幾種東西？書包裡有幾本書？鉛筆盒裡有幾枝鉛筆等等，讓學生一面數數量，一面回答數字，並讓學生將自己創意數字小精靈的樣子畫在學習單的格子上。

3. 說明阿拉伯數字是印度人發明的，但是被阿拉伯人拿來用到全世界，因為阿拉伯人很會跑，到處跑，做生意啊！打仗啊！我們來看看阿拉伯數字怎麼寫。告知學生 1 到 9 的寫法。說說看他們像生活中的什麼形狀？6 和 9 很像，如何分辨他們？

4. 請一組學生站起來，愛熱鬧的個位數字小精靈在他們頭上跳，大家數數，有（幾）個，如何記下來呢？個位數字小精靈到底長得像什麼樣子？他們和我們不一樣，是一種看不見的生命喔！在學習單大格子裡上畫一個你自己最容易畫的個位小精靈（太多筆畫會畫得太慢，來不及），旁邊的小格子裡寫上阿拉伯數字的個位小精靈。

5. 讓學生分組到臺上來當數字小精靈，玩「蹲下」、「站起來」的遊戲，老師發口令「開始」，臺上的小精靈們自動蹲下或站著，數數各有幾個小精靈，一共有幾個小精靈。教師可選九人以內，較方便練習。臺下的學生須記錄三組個位數字，可以畫，也可以只寫數字。

6. 請學生回家詢問父母，是否有不同的數字記法？下一節課認識中國數字一、二……。

數字小精靈學習單設計

　　小朋友，我們今天來當倉頡，替數字小精靈畫畫像好不好。我們有六組，每組來畫一套數字小精靈的畫像，先來畫什麼 0，沒有！再來是 1 小精靈，2 組合小精靈，3 組合小精靈……每個人先畫在自己的學習單上（介紹學習單並發下），1 小精靈畫在最上面，2 組合小精靈在下面這裡……

我的姓名：＿＿＿＿＿座號：＿＿＿

我來畫什麼都沒有媽媽。

我來畫數字小精靈的畫像。

活動 4　流星火焰樹

　　數字小精靈一年種 2 棵流星火焰樹，經過十年，彩虹河兩邊，一共種了 20 棵流星火焰樹。你可以發現流星火焰樹的顏色，與 1 到 10 的數字精靈有什麼關係呢？

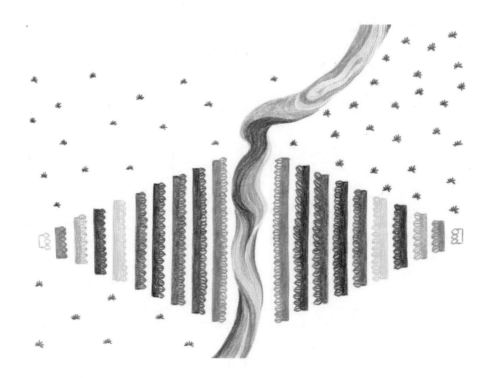

流星火焰樹學習單設計

　　使用古氏數棒，從流星火焰樹的顏色，你可以看到橘色是多少？7 是什麼顏色？你可以發現流星火焰樹每個顏色所對應的數字嗎？

流星火焰樹顏色	數字
黃色	5
紅色	2
紫色	4
淺綠色	3
咖啡色	8
藍色	9
黑色	7
深綠色	6
橘色	10

(三) 其他數數的教學活動

　　兒童在顏色概念的認知發展較早，2 歲就可以辨認顏色，如黃色、綠色、白色、黑色等。於 1 到 10 的數量認知大約是 3 歲；再者，5 到 7 歲學生的記憶力發展是關鍵期，學習顏色與數量的對應很容易。顏色代表的是心像 (mental image)，數量代表的是具象 (concrete model)，學習單的設計在建立兒童於具象與心像的對應關係，例如：學生看到 3，心中就會出現淺綠色，看到咖啡色，就會對應到 8 的數字。

　　有別於數字小精靈的活動設計，亦可使用糖果棒的情境進行數數策略，如活動 5 為認識 10 以內的數，經由數棒的介紹，從糖果棒的口味來引導學生對於 1 到 9 數字的認識。

　　活動 6 為建立 10 以內的心像概念，對於數量與數字的結合，需要具體物的操作，建立學生心中的圖像，對於日後抽象數字的發展有所助益。

 **認識 10 以內的數：糖果棒**

教學概念

　　國小一年級剛入學的學生最先碰到的數學單元就是 1 到 10，對於教師要如何教 1 到 10 數與量的對應概念，能讓學生循序漸進，從具體→心像→抽象的學習概念，可用下面的教學設計。具體就是使用古氏數棒的學具，心像就是顏色的辨識，而抽象就是數字的書寫。

學具使用

　　古氏數棒

學具優勢

　　古氏數棒的十種顏色，1 是白色，2 是紅色，3 是淺綠色，4 是紫色，5 是黃色，6 是深綠色，7 是黑色，8 是咖啡色，9 是藍色，10 是橘色，應用數棒的顏色進行口味的對應。

提問順序

提問 1：　小朋友們，你可以發現數字 1 的糖果棒還可以有哪一些口味嗎？
　　　　　答案：可以是香草口味

提問 2：　小朋友們，你可以發現數字 2 的糖果棒還可以有哪一些口味嗎？
　　　　　答案：番茄口味、紅蘿蔔口味

提問 3：　小朋友們，你可以發現數字 3 的糖果棒還可以有哪一些口味嗎？
　　　　　答案：奇異果口味

提問 4：　小朋友們，你可以發現數字 4 的糖果棒還可以有哪一些口味嗎？
　　　　　答案：茄子口味、薰衣草口味

提問 5：　小朋友們，你可以發現數字 5 的糖果棒還可以有哪一些口味嗎？
　　　　　答案：鳳梨口味

提問 6：　小朋友們，你可以發現數字 6 的糖果棒還可以有哪一些口味嗎？
　　　　　答案：棗子口味

提問 7：　小朋友們，你可以發現數字 7 的糖果棒還可以有哪一些口味嗎？
　　　　答案：墨魚口味

提問 8：　小朋友們，你可以發現數字 8 的糖果棒還可以有哪一些口味嗎？
　　　　答案：咖啡口味

提問 9：　小朋友們，你可以發現數字 9 的糖果棒還可以有哪一些口味嗎？
　　　　答案：海洋口味

提問 10：小朋友們，你可以發現數字 10 的糖果棒還可以有哪一些口味嗎？
　　　　答案：哈密瓜口味、南瓜口味、木瓜口味、橘子口味

學習單設計

　　使用數字（抽象）、糖果棒（具象）與口味（心像）的對應讓學生對於具象、心像與抽象的概念更加完整。

數字（抽象）	糖果棒（具象）	口味（心像）
1	□	方糖
2	□□	草莓
3	□□□	青蘋果
4	□□□□	葡萄
5	□□□□□	香蕉
6	□□□□□□	芭樂
7	□□□□□□□	竹炭
8	□□□□□□□□	巧克力
9	□□□□□□□□□	藍莓
10	□□□□□□□□□□	橘子

活動 6　建立 10 以內的心像概念

教學概念

　　學童在顏色概念的認知發展較早，從 2 歲就可以辨認顏色，如黃色、綠色、白色、黑色等。學童在數字概念，對 1 到 10 的數量認知大約為 3 歲，因為古氏數棒用十種顏色代表不同的數字；再者，於 5 到 7 歲學生的記憶力為黃金期，所以對於顏色與數量概念對應的學習，可以很容易學會。顏色代表的是心像，數量概念代表的是具象，本活動在建立學童於具象與心像的對應關係，例如：學生看到 3，心中就會浮現淺綠色的積木；學生看到咖啡色，就會對應到 8 的數字。

學具使用

　　古氏數棒

提問順序

　　同學們，剛剛認識完糖果棒的口味，我們現在要進行第一關了。

提問 1：　請問黃色糖果棒的數字是多少？

　　　　　答案：5

提問 2：　請問紅色糖果棒的數字是多少？

　　　　　答案：2

提問 3：　請問 4 的糖果棒是什麼顏色？

　　　　　答案：紫色

提問 4：　請問 3 的糖果棒是什麼顏色？

　　　　　答案：淺綠色

提問 5：　請問 8 的糖果棒是什麼顏色？

　　　　　答案：咖啡色

提問 6：　請問藍色糖果棒的數字是多少？

　　　　　答案：9

提問 7：　請問 7 的糖果棒是什麼顏色？

答案：黑色

提問 8： 請問深綠色糖果棒的數字是多少？

答案：6

提問 9： 請問橘色糖果棒的數字是多少？

答案：10

學習單設計

古氏數棒顏色	數字
黃色	
紅色	
	4
	3
	8
藍色	
	7
深綠色	
橘色	

整數位值的教學實務

有鑑於臺灣 108 年提出十二年國民基本教育提升數學素養的重要（教育部，2018），本章整理位值的課程標準、位值相關的文獻與相對應的教學活動。

一、課程標準：NCTM (2000) 與教育部 (2018) 的比較

數與計算	NCTM	臺灣數學能力指標
理解數字，數字的表徵方式，數字的關係與數字的系統	· 能用不同的方法對十進位的位值產生初期概念的發展。 · 理解位值概念及非負整數數量、順序與整體量關係的連結。 · 發展非負整數的數感，並使用彈性的方式來表現，如數字的重組與拆解。 · 能連結數字符號與數量的表徵，並能使用不同具體的數量模式來呈現。	N-3-1 一萬以內的數：含位值積木操作活動。結合點數、位值表徵、位值表。位值單位「千」。位值單位換算。 N-4-1 一億以內的數：位值單位「萬」、「十萬」、「百萬」、「千萬」。建立應用大數時之計算習慣，如「30 萬 1200」與「21 萬 300」的加減法。 N-5-1 十進位的位值系統：「兆位」至「千分位」。整合整數與小數。理解基於位值系統可延伸表示更大的數和更小的數。

NCTM 提出數與計算向度如理解數字、數字的表徵方式、數字的關係與數字系統的向度，於位值概念提出 4 個指標。

1. 能用不同的方法對十進位的位值產生初期概念的發展。
2. 理解位值概念及非負整數數量、順序與整體量關係的連結。
3. 發展非負整數的數感，並使用彈性的方式來表現，如數字的重組與拆解。
4. 能連結數字符號與數量的表徵，並能使用不同具體的數量模式來呈現。

NCTM 重視使用不同的方法建立位值的概念，於指標 1 與 2，不同的方法即為教師應使用不同的教學策略，如使用教具、生活的情境、設計有難度的活動等。同樣的，學生需對數量、順序與整體量關係連結，如 1、2、3、4、5……5 可為第 5 個與 5 個整體量的差異。

於指標 3，教師需使用數字的重組與拆解，協助學生理解位值概念。於指標 4，教師需用具體數量來連結數字符號與數量表徵。

相對於臺灣的課綱重視不同年級建立百位、千位、萬位到億的位值表徵，如 N-3-1、N-4-1、N-5-1，再進行位值的單位換算，並未提及需使用哪些教學策略來協助學生的學習，於臺灣的指標並未提及數字的重組與拆解，也未提及需使用不同的方法來促進學生對位值的理解。但臺灣的指標重視具體物的使用，以建立位值概念，而具體物則為積木操作，於此應為數棒，如 N-3-1。

二、十進位的重要性

在學生學習十進位的過程中，十進位的概念是很自然就發生的，當然這也有文化上的差異。

(一) 常見的教學困難

在學生學習位值的過程，會看到在學習十進位的一些困難，如要求學生寫出一百零五，他們寫的數字就是 10005，這樣的表示方式，是一萬零五，而不是一百零五。

(二) 什麼是位值？

位值即數字在不同的位置所代表的數值，如數字在百位，則代表百，在千位，則代表千。

學生剛開始並不了解位值，因為初期概念源自於數數，當念到兩個數字17，認為十七是由十跟七兩個數字組合而成的，是兩個不同的數字。事實上不是兩個不同的數字，而是 17 的數量概念。教師應要協助學童連結數字概念與數量的關係。

研習活動 如何協助教師理解位值

在進行教師研習時，要求他們理解一年級學童學習十進位的困難，我常使用四進位的教學來讓教師體驗學童的感受。進行四進位的教學，需要使用古氏數棒的紫色積木，其等同於 4 個白色積木。大部分教師無法理解為什麼4 要變成 10，也就是 1 個紫色積木；5 就是 11，也就是 1 個紫色積木加 1 個白色積木。四進位的 100，就是 4 個紫色積木，也就是 16 個白色積木。如果是 1000，就是 16 個紫色積木，也就是 64 個白色積木。如下圖所示。

白色積木　　紫色積木　　4 個紫色積木　　16 個紫色積木

同理，當學生學習十進位時，也會面臨一樣的困難，為什麼 1、2、3、4、5……到 9 都是 1 個數字，到十，就要變成 10。當教師在學習四進位這樣新的進位系統時，就可以對學生學習十進位的概念產生同理，即可以理解使用教具來進行位值教學的重要性。也就是用 1 個橘色積木代表 10，12 即為 1 個橘色積木加上 1 個紅色積木。101，也就是 10 個橘色積木加上 1 個白色積木。協助學童使用教具對應抽象的數字，即可協助學童理解位值概念。

(三) 不同國家的數字系統

　　以下依巴比倫尼亞、埃及、羅馬、馬雅與中國等不同國家的數字系統，分別論述。

1. 巴比倫尼亞的數字系統

　　巴比倫尼亞的數字系統，源自於巴比倫文化，就是兩河流域，在西亞底格里斯河和幼發拉底河的中下游地區，位於現在的伊拉克境內。巴比倫文化，為四大文明之一，其他為中國、埃及與印度。該數字系統只有兩個數字符號，且沒有代表 0 的符號，代表 1 的符號也同時代表 60，故該系統為 60 進位，因為巴比倫尼亞的數字沒有 0 這個符號，所以巴比倫人採用空位的方式來代表 0。缺點是有可能同一個符號，會代表兩種數字，如 1 與 60 均為同一符號（梁宗巨，1998，p33）。

　　困難的巴比倫數學題：從發掘出來的泥板上，人們發現了三千多年前的數學題：

　　　　「10 個兄弟分 100 兩銀子，一個人比一個人多，只知道每一級相差的數量都一樣，但是究竟相差多少不知道，現在第八位兄弟分到 6 兩銀子，問一級相差多少？」

　　　　解法：從上述問題可知，10 個兄弟所形成的等差數列，公差都一樣，代表第一位和第十位兄弟相加等於第二位與第九位兄弟相加，亦等於第八位與第三位兄弟相加，總共有五對兄弟，每一對兄弟所得均相同，第八位所得為 6，第三位兄弟所得為 20 - 6 = 14，14 = 6 + 5d，d = 1.6，所以每一位兄弟所得相差 1.6 兩。

2. 埃及數字系統

　　在西元前 3000 年，埃及便開始有數字的發明，從一到十、百、千、萬都用不同的符號表示。和中國的象形文字相似，古埃及人用各種各樣的符號和圖形代表不同的數字，因此，這套古老的數字系統被稱為「象形數字」（梁宗巨，1998，p16）。

　　古埃及人將 1 到 9 個數字分別稱為 wa、senuj、khemet、jfedu、dju、sjsu、sefekhu、khemenu、pesedshu。古埃及人稱 10 為 medshu，並且用形如「軛」的符號；稱 100 為 shenet，用一圈繩子表示；稱 1000 為 kha，用一枚蓮花表示；稱 10000 為 dsheba，用一個指頭表示；稱 100000 為 hefen，用一隻蝌蚪表示；稱 1000000 為 heh，用舉著兩條手臂端坐著的神表示。埃及人對於 10、100、1000、10000、100000 與 1000000 均使用不同的數字符號，所以是 10 進位制，也沒有零的符號。

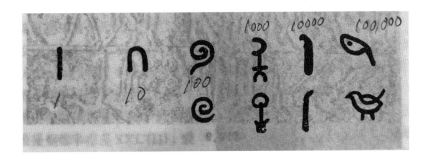

3. 羅馬數字系統

　　羅馬數字於現代為應用較少的一種數字系統。它的起源晚於中國，更晚於埃及的進位系統。大約在兩千五百年前，羅馬人使用手指作為計數用具。他們為了表示 1、2、3、4，就使用手指比數。5 個物體，則使用一隻手；10，就是兩隻手。羅馬人為了記錄這些數字，便在羊皮上畫出Ⅰ、Ⅱ、Ⅲ來代替手指的數，一隻手時，就用Ⅴ來表示，意義為大拇指與食指張開的形狀；兩隻手就畫成ⅤⅤ，後來又寫成一隻手向上、一隻手向下的Ⅹ，這就是羅馬數字的開始（梁宗巨，1998，p19）。

　　之後為了表示較大的數，羅馬人用符號 C 表示 100，C 是拉丁字「Century」的頭一個字母，century 就是 100 的意思。用符號M表示 1000。M是拉丁字「mile」的頭一個字母，mile 就是 1000 的意思。取字母 C 的一半成為符號 L，表示 50。用字母 D 表示 500。若在數的上面畫一橫線，這個數就擴大 1000 倍。這樣，羅馬數字就有下面七個符號如Ⅰ(1)、Ⅴ(5)、Ⅹ

(10)、L (50)、C (100)、D (500)、M (1000)。

　　羅馬數字沒有進位系統，僅使用七個符號的組合以代表所有的數字，亦沒有零的符號。以上三種數字系統，均因運算概念過於複雜，而無法應用於生活。學童應要理解不同的國家數字系統，以具備國際觀，並理解為什麼阿拉伯數字系統具備其使用的優勢。

4. 馬雅的數字系統

　　馬雅文明是最早發明 0 的概念的文明，從馬雅的數字系統，可以看出有三種特性。第一，其進位系統為 20 進位，使用三個符號來代表所有的數字。第二，其進位方式有別於阿拉伯數字系統由右而左的進位方式，而是由下而上的進位方法。第三，有別於上述三種數字系統，馬雅與阿拉伯數字系統均使用 0 這個符號來填補空位（梁宗巨，1998，p35）。

　　由於馬雅人在數學上的文明，他們在沒有分數概念的情況下，精準地計算出一年的時間。其精確度比現代的格雷戈里曆法還要精確。他們通過對金星軌道的觀察和計算，計算出金星公轉週期為 583.92 日。按照他們的辦法推算，1000 年僅有一天的誤差。古代社會中，天文、曆法、農事，三者總是密不可分的，而它們的基礎又都在計算。也因為在數學上的成就，使他們在天文知識、曆法系統、農事安排上都展現高度的成就。多種曆法並用，每個日子都有四種命名數字，卻絲毫不亂。沒有任何特殊儀器，僅靠觀星資料，每年準確定出分、至日，以及各種重要會合日的出現。充分掌握天氣變化規律，準確計算出雨季、旱季的始終，為農業生產提供最重要的保障。

　　馬雅數學的成就也表現在建築成就上。眾多巨型建築和建築群落的定位、設計，牽涉到太多的數學問題。建築根本就是凝固的數學和藝術。馬雅特有的尖拱門造型也蘊含著精巧的數學思維。當然，還有許多用來展現他們天文學知識的建築，比如觀察分、至日的建築群。丈量的精確性、定位的相互呼應都需要分毫不差的數學天才，才能使我們今天仍然能透過斷壁殘垣看到特定的奇景。

　　馬雅人用一種特殊的數字表示時間，下圖的 0-19 個圖像表示 20 個數字。

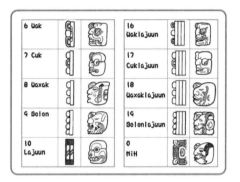

5. 中國的數字系統

　　中國數字發現於商朝的甲骨文，所以推斷起源於商。當時，先人已能使用數字記錄十萬以內的數了，在沒有紙的年代，他們會把文字或數字刻在牛胛骨、龜板等骨頭之上，所以稱為「甲骨文」（梁宗巨，1998，p29）。

　　距今約三千多年前，中國人開始使用「算籌」。算籌源於中國商朝的占卜，占卜時用現成的小木棍做計算。「算籌」是一塊畫有方格的算板和一束粗幼相同的竹枝或樹枝等，排出不同數字進行計算。當時的人把「算籌」作縱、橫排列，根據中國古代算籌記數的規則，個位用縱排，十位用橫排，百位再用縱排……這樣縱橫交替排列，就可以表示出任意的自然數，同時還懂得用空位表示零，使位值完備。以下就是「算籌」的縱、橫兩種排法：

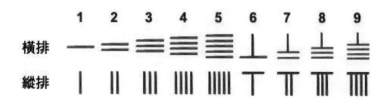

現代中國的數字，分為大寫和小寫兩種。

小寫 〇 一 二 三 四 五 六 七 八 九 十 百 千 萬
大寫 零 壹 貳 叁 肆 伍 陸 柒 捌 玖 拾 佰 仟 萬

6.0 的意義與性質

　　學童對於 0 的了解，其實相當重要。0 可有四種意義，第一，在位值上是填補空位的意義。第二，在生活上代表沒有，如同學有環保杯，我沒有。而沒有的概念，在學齡前 2 歲，甚至更早就已經有類似的概念。第三，代表開始，量身高、量體重，需要先歸零，所以 0 代表起點。第四，在攝氏的溫度上，0 代表冰點，也就是沒有熱量，0 下就是更低的溫度，就以負號表示。

　　在數學領域的使用，0 的性質如下：

1. 是最小的自然數。

2. 是介於 –1 和 1 之間的整數。

3. 其相反數是 0，即，–0 = 0。

4. 不是奇數，而是偶數。

5. 不是質數，也不是合數。

6. 在多位數中為填補空位，如 102 中的 0 表示十位上沒有數字，不可寫作 12。

7. 不可作為多位數的最高位。

8. 既不是正數也不是負數，而是正數和負數的分界點。當某個數 χ 大於

0（即 χ > 0）時，稱為正數；反之，當 χ 小於 0（即 χ < 0）時，稱為
負數；當這個數 χ 等於 0 時，這個數就是 0。

  9. 是最小的完全平方數。

10. 其絕對值是其本身，即，|0| = 0。

11. 是絕對值最小的實數。

12. 0 乘任何實數都等於 0，除以任何非零實數都等於 0。

13. 任何實數加上或減去 0 等於其本身。

14. 0 沒有倒數和負倒數，一個非 0 的數除以 0 在實數範圍內無意義。

15. 0 也不能作為除數、分數的分母、比的後項。

16. 0 的正數次方等於 0；0 的負數次方無意義，因為 0 沒有倒數。

17. 0 於直角座標系，為原點的概念，即為 (0,0)。

三、位值的教學

位值的教學活動為一年級至四年級，本章所提出的教學活動為建立學生
1 到 10 的數字概念。活動學習階層與活動分述如下：

(一) 位值活動的學習階層

以下列舉 10 個活動的學習階層。

一年級

活動 1：建立位值

活動 2：百數表

二年級

活動 3：放寒假了

活動 4：誰最快到 100

活動 5：誰最快到 0

三年級

活動 6：萬以下的數——照顧小貓咪（三年級）

四年級

活動 7：億以上的數——照顧小貓咪（四年級）

活動 8：細菌觀察站

活動 9：統一發票

活動 10：填寫存款單與提款單

(二) 位值的教學活動

　　活動 1 是一年級建立位值的活動設計，由數字小精靈的故事，讓學生了解跳到新位值的概念，建立個位與十位的關係。位值的建立對於學生理解十進位的概念相當重要。

　　活動 2 是百數表，建立 100 以內的數字關係，如發現 1、11、21 的數字規律，或是發現 1 + 10 = 2 + 9 = 3 + 8 等，觀察上下左右四個相鄰的數字和，與右移一格的上下左右四個相鄰數字差異有何變化？

　　活動 3 是從學校的行事曆，建立 100 以內的累加概念，學生可以使用骰子來計數到教師節、中秋節、雙十節、學校運動會還需要多少的天數，以理解 100 到 200 的數字概念。

　　活動 4 為加到 100 的數字概念，學生需使用數棒理解 1 到 100 的數字進

位概念，同學一組 2 到 4 人，輪流丟骰子，看哪一位同學最快丟到 100 獲勝，這是建立個位、十位與百位具體的加法活動。

　　活動 5 為從 100 減到 0 的數字活動，學生需使用數棒理解 1 到 100 的數字退位概念，同學一組 2 到 4 人，輪流丟骰子，看哪一位同學最快減到 0 獲勝，這是建立個位、十位與百位具體的減法活動。

　　活動 6 為萬以下的數，以照顧小貓咪的活動設計，建立學生千至萬位的數字概念，學生可從兩種計費方法來比較哪一種計費方式較為划算，當然，教師亦可調整天數的設計以符合萬的概念。

　　活動 7 為億以上的數，此為活動 6 的延伸。照顧小貓咪的活動設計，讓學生知道在一個月以內某一天的金額會超過億，以建立學生億以上的數字概念。

　　活動 8 是計算手指上的細菌，使用長度以計算每公分有多少隻細菌，之後了解到底手指內有多少隻細菌，養成飯前要洗手的衛生習慣。

　　活動 9 是統一發票的活動，學生可自行帶統一發票，觀察統一發票上的數字，以算出中獎金額，學生可計算千萬與億位的數字加法，對於億的位值概念有深入的理解。

　　活動 10 為撰寫存款單與提款單，對於國字大小寫與數字位值關係，與生活結合。

活動 1　建立位值（一年級，建立 10）

情境說明

　　當 10 個數字小精靈碰到一起時，會產生「魔術大變身」，10 個數字小精靈變成了 1 個，而且跳到新的位置，原來的位置空空的，什麼都沒有了。這時 10 個數字小精靈和 1 個數字小精靈一樣大，你有發現哪些不同嗎？

活動 2　百數表

教學概念

　　百數表是一年級的數字活動，即從 1 到 100 的數字發現規律。讓學童於 100 的數字有完整的概念。

提問順序

　　同學們，可以從百數表發現哪些特別的地方呢？

提問 1：請問在同一行中，前面的數字與後面的數字都相差多少，如第一行 1、11、21、31……？

　　　　答案：11 - 1 = 10，21 - 11 = 10，都相差 10。

提問 2：請問從左上到右下的對角線數字，每一個數字相差多少，如 1、12、23……？

　　　　答案：12 - 1 = 11。

提問 3：請問從右上到左下的對角線數字，每一個數字增加多少，如 10、19、28……？

　　　　答案：10 + □ = 19，□ = 9。

提問 4：第 1 行的數字與第 10 行的數字相加，會等於哪 2 行的數字相加？如 1 + 10 = 2 + 9。

　　　　答案：第 2 行與第 9 行，第 3 行與第 8 行，第 4 行與第 7 行，第 5 行與第 6 行。

提問 5：上下左右相鄰的 4 個數字相加與另一上下左右相鄰的 4 個數字相加，相差多少？如 1、2、11、12，4 個數字相加，與 2、3、12、13，4 個數字相加。

　　　　答案：都差 4。

提問 6：上下左右相鄰的 4 個數字相加與前後相鄰的 4 個數字相加，相差多少？如 1、2、11、12，4 個數字相加，與 11、12、21、22，4 個數字相加。

　　　　答案：都差 40。

百數表

1	2	3	4	5	6	7	8	9	10
11	12	13	14	15	16	17	18	19	20
21	22	23	24	25	26	27	28	29	30
31	32	33	34	35	36	37	38	39	40
41	42	43	44	45	46	47	48	49	50
51	52	53	54	55	56	57	58	59	60
61	62	63	64	65	66	67	68	69	70
71	72	73	74	75	76	77	78	79	80
81	82	83	84	85	86	87	88	89	90
91	92	93	94	95	96	97	98	99	100

 **活動 3** 放寒假了（二年級，一百以內的數）

情境說明

你喜歡放假嗎？從 9 月開學後，要多久才會放到中秋節？要多久才會到雙十節？還要多久才會到運動會？你可以用骰子丟丟看，看看你們這一組誰會最快走到放寒假。要注意看每位同學是否都準確地走到與骰子一樣的數字。

活動 4　誰最快到 100

教學概念

　　國小二年級的學生會學 1 到 100，對於教師要如何教 1 到 100 的加法概念，可從數與量的對應概念，能讓學生一步一步地了解，從 1 累積到 10，再從 10、20、30……到 100。從具象→心像→抽象的學習概念，可用誰最快到 100 的活動。使用古氏數棒的學具，經由 2 人至 4 人一組的方式學習。

學具使用

　　古氏數棒、1 個六面骰子

學具優勢

　　古氏數棒的十種顏色，1 是白色，2 是紅色，3 是淺綠色，4 是紫色，5 是黃色，6 是深綠色，7 是黑色，8 是咖啡色，9 是藍色，10 是橘色，應用數棒的顏色進行數字對應。

活動規則

1. 2 至 4 人一組。

2. 最先丟到 100 點的同學獲勝，同時需排出 10 × 10 的正方形，即一列為 10 個 1 的數棒，共 10 列，總數為 100。

3. 每人輪流丟擲 1 個骰子，點數從 1 到 6 點。

4. 每位同學丟擲骰子後，先用數棒排出，再寫數字。例如：丟出 6 點時，拿出深綠色數棒對應，再寫出 6。

5. 當輪到第二次丟擲骰子時，若所丟骰子為 5 點，則需拿 1 個黃色數棒，但需加上之前的 6 點，所以需將黃色數棒換為紫色數棒與白色數棒。數棒的顯示第一列為深綠色 + 紫色，第二列為白色，亦可將第一列換為 1 根橘色數棒，即 10。再依數棒所顯示的答案，寫出 6 + 5 = 6 + 4 + 1 = 11。

6. 本活動需進行到每一位同學都加到 100，才能結束。先加到 100 的學生，可先進行活動 5。

學習單設計

以第一位同學的記錄為例，以下僅記錄到 39 為止，先加到 100 或超過 100 者獲勝。

次數	骰子數量	數棒對應	算式
第 1 次	6	□□□□□□	6
第 2 次	5	□□□□□□□□□ □	6 + 5 = 6 + 4 + 1 = 11
第 3 次	3	□□□□□□□□□□ □□□□	11 + 3 = 14
第 4 次	4	□□□□□□□□□□ □□□□□□□□	14 + 4 = 18
第 5 次	5	□□□□□□□□□□ □□□□□□□□□□ □□□	18 + 5 = 18 + 2 + 3 = 23
第 6 次	1	□□□□□□□□□□ □□□□□□□□□□ □□□□	23 + 1 = 24
第 7 次	2	□□□□□□□□□□ □□□□□□□□□□ □□□□□□	24 + 2 = 26
第 8 次	4	□□□□□□□□□□ □□□□□□□□□□ □□□□□□□□□□	26 + 4 = 30
第 9 次	6	□□□□□□□□□□ □□□□□□□□□□ □□□□□□□□□□ □□□□□□	30 + 6=36
第 10 次	3	□□□□□□□□□□ □□□□□□□□□□ □□□□□□□□□□ □□□□□□□□□	36 + 3 = 39

活動 5　誰最快到 0

教學概念

　　國小二年級的學生會學 1 到 100，對於教師要如何教 1 到 100 的減法，可從數與量的對應概念，讓學生一步一步地了解。從 100 累減到 0，再從 90、80、70……到 0。從具象→心像→抽象的學習概念，可用誰最快到 0 的活動。使用古氏數棒的學具，經由 2 人至 4 人一組的方式學習。

學具使用

　　古氏數棒、1 個六面骰子

學具優勢

　　古氏數棒的十種顏色，1 是白色，2 是紅色，3 是淺綠色，4 是紫色，5 是黃色，6 是深綠色，7 是黑色，8 是咖啡色，9 是藍色，10 是橘色，應用數棒的顏色進行數字對應。

活動規則

1. 2 至 4 人一組。

2. 最先減到 0 點的同學獲勝，從第 4 個活動排出 10 × 10 的正方形後，即 10 個橘色數棒，輪流丟擲骰子從 100 減到 0。

3. 每人輪流丟擲 1 個骰子，點數從 1 到 6 點。

4. 每位同學輪流丟擲骰子後，先用數棒排出。例如：第 1 次丟出 6 點時，要先從 10 個橘色數棒中取 1 個橘色數棒，因為要減掉 6 點，所以需換出 1 個深綠色數棒，所以橘色數棒減掉深綠色數棒後，剩下 1 個紫色數棒，所剩下即為 9 個橘色數棒加上 1 個紫色數棒，對應的算式即為 100 - 6 = 94。

5. 當輪到第 2 次丟擲骰子時，若所丟骰子為 5 點，則需再從剩下的 9 個橘色數棒與 1 個紫色數棒中，再拿 1 個橘色數棒扣掉 1 個黃色數棒，剩下 1 個黃色數棒，即 10 - 5 = 5，再加上所剩下的 8 個橘色數棒與 1 個紫色數棒，所以共有 8 個橘色數棒與 1 個紫色數棒，再加上 1 個黃色數棒，算式即為 5 + 84 = 89。

6. 本活動需進行到每一位同學都減到 0，才能結束。

7. 最先減到 0 的同學，可再進行活動 4。

學習單設計

以第一位同學的記錄為例，以下僅記錄到 74 為止，先減到 0 或低於 0（均以 0 記）者獲勝。

次數	骰子數量	數棒對應	算式
第 1 次	6	□□□□□□□□□□ …（略） □□□□□□□□□□ □□□□□◪◪◪◪◪	100 – 6 = 90 + 10 - 6 = 94
第 2 次	5	□□□□□□□□□□ …（略） □□□□□◪◪◪◪◪ □□□□	94 - 5 = 84 + 10 - 5 = 84 + 5 = 89
第 3 次	3	□□□□□□□□□□ …（略） □□□□□□□□□□ □□□□□□□◪◪◪	89 - 3 = 86
第 4 次	4	□□□□□□□□□□ …（略） □□◪◪◪◪◪◪	86 - 4 = 82
第 5 次	5	□□□□□□□□□□ …（略） □□□□□□□◪◪◪ ◪◪	82 – 5 = 72 + 10 – 5 = 72 + 5 = 77
第 6 次	1	□□□□□□□□□□ …（略） □□□□□□□□□□ □□□□□□◪	77 - 1 = 76
第 7 次	2	□□□□□□□□□□ …（略） □□□□□□□□□□ □□□□◪◪	76 - 2 = 74

活動 6 萬以下的數——照顧小貓咪（三年級）

照顧小貓咪

　　小智要出國去玩，想要請人幫他照顧小貓咪 12 天，你願意幫他的忙嗎？他有兩種付薪水的方式，你可以任意選擇其中一種。哪一種會讓你賺到比較多的薪水呢？趕快算一算。

　　第一種付費方式：每天付給你 100 元，共付 12 天。

　　第二種付費方式：第 1 天付 1 元，第 2 天付 2 元，第 3 天付 4 元，第 4 天付 8 元……一直付到第 12 天。

　　第一種付費方式在 12 天後可以得到（　　　　　）元。

　　第二種付費方式在 12 天後可以得到（　　　　　）元。

　　所以我選擇第（　　　　）種付費方式。

活動 7　億以上的數──照顧小貓咪（四年級）

照顧小貓咪

　　後來小智發現如果要出國去玩 30 天，用第二種付費方式，在某一天支付給別人的薪水會超過 1 億元，請問是哪一天呢？請將計算過程寫出來，每一組只能有一個答案。

活動 8　細菌觀察站

細菌無所不在，尤其是手指甲裡更容易躲藏大量的細菌。你知道嗎？每 0.1 公分的指甲中，大約可以躲 375 萬隻細菌呢！是不是很可怕呢？細菌和我們健康有密切關係，當然要斤斤計較了！細菌越多的人可是越容易生病哦！

趕快調查看看，你身邊的人誰的手指甲最長，藏了最多的細菌？

第　　組小朋友	十隻手指指甲長	細菌總數
自己	公分	大約有（　　　）隻
	公分	大約有（　　　）隻
	公分	大約有（　　　）隻
	公分	大約有（　　　）隻
	公分	大約有（　　　）隻
	公分	大約有（　　　）隻

我們這一組（　　　　　）的指甲最長，他的指甲裡大約有（　　　　　）隻細菌，真是太可怕了！要趕快提醒他剪指甲哦！

家人調查站

你的家人手中是不是也藏了許多細菌呢？回家後也調查看看吧！

家人	十隻手指指甲長	細菌總數
自己	公分	大約有（　　　）隻
	公分	大約有（　　　）隻
	公分	大約有（　　　）隻
	公分	大約有（　　　）隻
	公分	大約有（　　　）隻
	公分	大約有（　　　）隻

活動 9　統一發票

學生準備：請每位同學從家中帶 10 張發票來學校，每一組 4 位同學，就會有 40 張發票。

教師準備：準備 1 到 10 的數字卡（10 的數字卡可代表 0）。

統一發票

今天的抽獎活動中，你帶來的 10 張發票有沒有中獎呢？如果有中獎，把你所有得獎的金額加起來，填一張提款單，這是可以到銀行或郵局領錢的哦！只要抽中發票最後一個數字，即可得到發票號碼的金額呦！（發票號碼是 2 個英文字母 +8 個數字，如 AB12345678。）

數目	發票號碼	獎金

請算出我們所得到的總金額為多少？全組只能有一個答案喲！

活動 10　填寫存款單與提款單

我們要幫助家扶基金會，照顧需要的小朋友。要先將中獎金額存起來，再捐出去，你會寫存款單與提款單嗎？

98-04-40-05E

郵政存簿儲金　新立戶　現金存款　存款單　轉帳存款

郵局代號	局　　號	檢號	帳　　號	檢號	日　　期		
700					年　月　日		
戶　名			存款金額	仟萬 佰萬 拾萬 萬 仟 佰 拾 元			儲匯壽險專用章
			新臺幣（小寫）				主　管：

※填單說明：1.存款時，請將本單隨儲金簿一併交郵局辦理(儲金簿於辦畢後即退)。
　　　　　　2.存款金額欄請在空格劃橫線　例：新臺幣 ☐☐☐50000

驗
證
欄

交易代號：1301 新立戶　1501 現金存款　1524 轉帳存款　105,000本(500張)110.04.190x105mm80g/m²模(伍泰)保管年限5年

98-04-40-06A

郵政存簿儲金提款單

郵局代號	年　月　日			
	局　　號	檢號	帳　　號	檢號	請蓋原留印鑑（應使用油性印泥，不得使用水性印泥或打印台）

提款金額	億	仟	佰	拾	萬	仟	佰	拾	元
700									

新臺幣
（大寫）　請用零、壹、貳、參、肆、伍、陸、柒、捌、玖大寫數目字填寫，並於空格劃橫線　例：新臺幣 ☐ 壹

NT$
（小寫）

儲匯壽險專用章
主　管：

交易代號：1506 現金提款　1304 結清銷戶　1525 存簿窗口轉帳提款

驗
證
欄

敬請　1.本提款單不能視作票據使用。
注意　2.儲戶印鑑**務請親自加蓋**，切勿交付他人或郵局人員代蓋，以昭慎重。

付款號碼：#＿＿＿＿＿＿

90,000本(500張) 110.09(1)190X105mm(80g/m²模)(鴻發)本類檔索管5年

第 4 章

整數加法與減法的教學實務

　　有鑑於臺灣 108 年提出十二年國民基本教育提升數學素養的重要（教育部，2018），本章整理整數加法與減法的課程標準、相關的文獻與相對應的教學活動。

一、課程標準：NCTM (2000) 與教育部 (2018) 的比較

數與計算	NCTM	臺灣數學能力指標
理解運算的意義與運算的相互關係	· 能理解非負整數加法和減法的不同意義與兩種運算間的關係。 · 能理解非負整數加法和減法的功能為何？	N-1-2 加法和減法：加法和減法的意義與應用。含「添加拿走型」、「併加分解型」、「比較型」等應用問題。加法和減法算式。 N-2-2 加減算式與直式計算：用位值理解多位數加減計算的原理與方法。初期可操作橫式、直式等方法並陳，二年級最後歸結於直式計算，作為後續更大位數計算之基礎。直式計算的基礎為位值概念與基本加減法，教師須説明直式計算的合理性。 R-1-2 兩數相加的順序不影響其和：加法交換律。可併入其他教學活動。

數與計算	NCTM	臺灣數學能力指標
能熟練計算與進行合理估算	·發展非負整數於加法和減法的運算策略。 ·發展加法和減法重組與拆解的流暢性。 ·使用多樣性的方法來計算，包括具體物操作、心算、估測、紙筆計算和計算機。	N-1-3 基本加減法：以操作活動為主。以熟練為目標。指 1 到 10 之數與 1 到 10 之數的加法，及反向的減法計算。 N-1-4 解題：1 元、5 元、10 元、50 元。以操作活動為主。數錢、換錢、找錢。 N-2-3 解題：加減應用問題。加數、被加數、減數、被減數未知之應用解題。連結加與減的關係。 N-2-4 解題：簡單加減估算。具體生活情境。以百位數估算為主。 N-3-2 加減直式計算：含加、減法多重進、退位。

NCTM 於整數加法與減法可分二向度，共 5 個指標說明：

1. 理解運算的意義與運算的相互關係

　　a. 能理解非負整數加法和減法不同意義與兩種運算間的關係。

　　b. 能理解非負整數加法和減法的功能為何。

　　1-a 與 1-b 兩個指標的重點在於使學生理解加法與減法的關係與功能。加法與減法的關係，在於兩個運算間的關係，如加減互逆；即加法可以是減法，而減法也可以變成加法，這種關係很重要。相對於臺灣的指標 N-1-2、N-2-2 與 R-1-2，在於理解加法與減法的意義與應用及重視加法交換律的關係，即使用加法與減法直式，於此 NCTM 並未強調是否使用直式。於本向度臺灣的指標仍重於計算，忽略了加法與減法的功能為何。

2. 能熟練計算與進行合理估算

　　a. 發展非負整數於加法和減法的運算策略。

b. 發展加法和減法重組與拆解的流暢性。

c. 使用多樣性的方法來計算，包括具體物操作、心算、估測、紙筆計算和計算機。

　　為熟練計算，2-a、2-b 與 2-c 重於發展加法和減法的策略，數字的重組與拆解及多樣性的計算工具，但臺灣的數學課程標準，仍注重加法與減法的操作方式，如 N-1-3；重視數錢、換錢與找錢的操作活動，如 N-1-4；強調加數、被加數、減數與被減數的應用解題，如 N-2-3；重視解題與估算，如 N-2-4；以及橫式與直式計算，如 N-3-2 等。

　　從課程標準的方向來看，美國的課程標準注重於思考策略的發展，而我國雖於 108 年課綱注重數學素養課程，但並未強調加法與減法概念在關係與功能的不同。本章所提供的教學活動將以美國的課程標準進行多元化的加法與減法的解題策略，如數字組合與拆解，以協助教師在加法與減法的應用能更加多元。

二、加減法題型的相關文獻

　　依謝如山與潘鳳琴 (2014, p76) 的加法與減法題型，共有十五種，以下分述之。

(一) 併加型

　　是兩堆東西合在一起的概念，相對的，也就是一堆合起來的東西可以分開為兩堆。如小山有 3 元，小海有 4 元，兩人共有幾元？這樣的題型即為併加的意義。

(二) 添加型

　　有動作上的方向性概念。即開始時就有一些物品，之後又增加了一些，有一個動作來增添。如小山有 3 元，小海又給了小山 4 元，請問小山有幾

元？這樣的題型即為添加的題型。

　　這兩種題型在難度上並沒有明顯差異。但是因為這兩種類別又分別有「和未知」、「加數未知」與「被加數未知」三種題型。所以在加法題型共有六種。

　　低年級的減法題型有拿走型、比較型與追加型三種類別。

(三) 拿走型

　　是一堆東西被拿走不見的概念。即有一堆東西，後來被拿走，剩下多少的情況。例如：小山有 5 元，給了小海 3 元，剩下幾元？

(四) 比較型

　　有兩堆物品經兩兩相較的，看看是誰較多或較少的差別。如，小山有 5 元，小海有 3 元，小山比小海多幾元？學生要能理解題目，有兩位的錢數，各有多少，才能進行之後的運算。

(五) 追加型

　　追加型的概念在於先經兩兩比較後，如果被比較的數量較少，原來的一位還要再加多少才會相等的概念。如小山有 3 元，小海有 5 元，小山還需要多少元才會與小海一樣多？所以追加型有別於比較型題目，要問的是原來的數還需增加多少，才會與相比較的數一樣多的問題。

　　同樣的，這三種減法題型又分別有「差未知」、「減數未知」與「被減數未知」三種題型。所以在減法題型共有九種，如下表。

表 4-1　加法和減法應用問題的類型

題目類型	A ± B = ？	A ± ？ = B	？ ± A = B
添加性類型 開始→添加→最後	**和未知** 小明有 7 顆糖果，小玫又給他 2 顆，小明共有幾顆糖果？	**加數未知** 小明有 7 顆糖果，小玫又給他一些，他們共有 9 顆糖果，小玫給了小明幾顆糖果？	**被加數未知** 小明有一些糖果，小玫又給他 2 顆，小明共有 9 顆糖果，小明原本有幾顆糖果？
併加性類型 部分／部分→全部	**和未知** 小明有 7 顆糖果，小玫有 2 顆，他們共有幾顆糖果？	**加數未知** 小明有 7 顆糖果，小玫有一些糖果，他們共有 9 顆糖果，小玫有幾顆糖果？	**被加數未知** 小明有一些糖果，小玫有 2 顆，他們共有 9 顆糖果，小明有幾顆糖果？
拿走性類型 開始→拿走→最後	**差未知** 小明有 7 顆糖果，給了小玫 2 顆，小明剩下幾顆糖果？	**減數未知** 小明有 7 顆糖果，給了小玫一些，小明剩下 5 顆糖果，他給了小玫幾顆糖果？	**被減數未知** 小明有一些糖果，給了小玫 2 顆，小明剩下 5 顆糖果，小明原本有幾顆糖果？
比較性類型 差多少	**差未知** 小明有 7 顆糖果，小玫有 2 顆，小明比小玫多幾顆糖果？	**減數未知** 小明有 7 顆糖果，小明比小玫多 5 顆糖果，小玫有幾顆糖果？	**被減數未知** 小明有一些糖果，小玫有 2 顆，小明比小玫多 5 顆糖果，小明有幾顆糖果？
追加性類型 大／小，加多少使小等於大？	**差未知** 小明有 7 顆糖果，小玫要再買多少顆糖果，才會和小明一樣？	**減數未知** 小明有 7 顆糖果，小玫要再買 5 顆糖果，才會和小明一樣，小玫原來有幾顆糖果？	**被減數未知** 小明有一些糖果，小玫有 2 顆糖果，小玫要再買 5 顆糖果，才會和小明一樣多，小明有幾顆糖果？

三、加法與減法的教學

以下依加法與減法的教學活動階層，加法教學活動、減法教學活動，以及加法與減法教學活動，分別說明。

(一) 加法與減法的教學活動階層

加法與減法的教學活動可分為加法、減法，以及加法與減法三個部分。

1. 加法
一年級
活動 1：建立加法心像概念
活動 2：湊 10 的數字拆解
活動 3：湊 10 的心算活動
活動 4：湊 20 的數字拆解
活動 5：發現加法關係 1
活動 6：發現加法關係 2
活動 7：發現加法關係 3
活動 8：發現加法關係 4
活動 9：數字拆解與加法進位
活動 10：破解加法應用問題

2. 減法
一年級
活動 11：建立減法心像概念
活動 12：發現減法關係 1
活動 13：發現減法關係 2
活動 14：發現減法關係 3
活動 15：發現減法關係 4
活動 16：數字拆解與減法退位
活動 17：破解減法應用問題

3. 加法與減法
一年級
活動 18：建立加減法心像概念
二年級
活動 19：100 以內加法與減法心算

(二) 加法教學活動

活動 1 是建立加法心像概念，學生需使用古氏數棒進行加法概念，如 10 + 2，即為一個橘色數棒與紅色數棒相加。於此，學生需建立具體物與數學符號的連結。

活動 2 是湊 10 的數字拆解，湊 10 是進位概念，學生要知道哪些數字相加等於10，可以是 2 個數字相加，也可以是 3 個數字，也可以是 4 個數字，甚至是 10 個數字。

活動 3 為湊 10 的心算活動，即使用撲克牌的撿紅點，以加速學童的心算，撿紅點可於幼稚園以上的年齡層開始教學，即學生可在學齡前就開始進行。

活動 4 為湊 20 的數字拆解，是基於湊 10 所進行的活動，學生可發現至少超過 50 種以上的方法，可作為多步驟加法的基礎。

活動 5 到活動 8 為發現加法的數字關係。於活動 5，學生可依加法神奇表的設計，練習 1 到 9 的加法，即 10 以內所有可能性的加法都會做。

活動 6 是依活動 5 的結果，引導學生發現加法神奇表的規律，發現一樣的數字有哪些？為什麼 9 會出現最多次？哪些數字出現最少次？即是發現加法的數字關係。

活動 7 是將 1 到 9 的順序做隨機的排列，進行更有挑戰性的加法計算。

活動 8 是 20 以內，二位數與一位數的加法計算。

活動 9 是數字拆解與加法進位，即引導學生使用數字拆解即可代替直式運算解決加法問題，於本活動說明數字拆解可使用的策略。

活動 10 說明加法的應用問題，如添加與併加題型，使用圖像的方式協助學生了解，每種題型又可細分為三個子題型，如和未知、加數未知與被加數未知的題型等。

活動 1　建立加法心像概念

教學概念

　　當一年級學生對數字與顏色的對應產生連結，就可以進行加法運算。而加法運算的數字就是 10 以內的數字相加，總數可以超過 10，當總數在 10 以上時，10 可以用橘色取代，再加上另一個 1 到 10 的數字即可，例如：7 + 8 = 15，15 就是一個橘色加一個黃色。

學具使用

　　古氏數棒

提問順序

提問 1：請問黃色 + 紫色糖果棒的數字是多少？
　　　　答案：5 + 4 = 9

提問 2：請問紅色 + 淺綠色糖果棒的數字是多少？
　　　　答案：2 + 3 = 5

提問 3：請問紅色 + 黃色糖果棒的數字是多少？
　　　　答案：2 + 5 = 7

提問 4：請問黑色 + 黃色糖果棒的數字是多少？
　　　　答案：7 + 5 = 12

提問 5：請問紫色 + 咖啡色糖果棒的數字是多少？
　　　　答案：4 + 8 = 12

提問 6：請問黃色 + 黃色糖果棒的數字是多少？
　　　　答案：5 + 5 = 10

提問 7：請問黑色 + 白色 + 黑色糖果棒的數字是多少？
　　　　答案：7 + 1 + 7 = 15

提問 8：請問紫色 + 黃色 + 藍色糖果棒的數字是多少？
　　　　答案：4 + 5 + 9 = 18

提問 9：請問藍色 + 藍色 + 白色糖果棒的數字是多少？

答案：9 + 9 + 1 = 19

提問 10：請問藍色 + 黑色 + 紫色糖果棒的數字是多少？

答案：9 + 7 + 4 = 20

學習單設計

題號	糖果棒相加	數字
1	黃色 + 紫色	5 + 4 = 9
2	紅色 + 淺綠色	
3	紅色 + 黃色	
4	黑色 + 黃色	
5	紫色 + 咖啡色	
6	黃色 + 黃色	
7	黑色 + 白色 + 黑色	
8	紫色 + 黃色 + 藍色	
9	藍色 + 藍色 + 白色	
10	藍色 + 黑色 + 紫色	

活動 2　湊 10 的數字拆解

教學概念

　　一年級學生在加法有一很重要的概念就是湊 10。湊 10 是位值的重要概念，也就是建立十進位。當學童知道湊 10 的數字拆解時，日後對於加法與減法的步驟將更佳清晰。學童可以建立的就是任何整數相加等於 10，可以是 $5 + 5 = 10$ 或是 $1 + 1 + 1 + 1 + 1 + 1 + 1 + 1 + 1 + 1 = 10$，或是 $3 + 3 + 3 + 1 = 10$，這些湊 10 的數字概念是加法進位概念的基礎。

學具使用

　　古氏數棒

提問順序

提問 1：請問白色＋藍色糖果棒的數字是多少？

　　　　答案：$1 + 9 = 10$

提問 2：請問紅色＋咖啡色糖果棒的數字是多少？

　　　　答案：$2 + 8 = 10$

提問 3：請問淺綠色＋黑色糖果棒的數字是多少？

　　　　答案：$3 + 7 = 10$

提問 4：請問黃色＋黃色糖果棒的數字是多少？

　　　　答案：$5 + 5 = 10$

提問 5：請問深綠色＋紫色糖果棒的數字是多少？

　　　　答案：$6 + 4 = 10$

提問 6：請問紫色＋紫色＋紅色糖果棒的數字是多少？

　　　　答案：$4 + 4 + 2 = 10$

提問 7：請問黑色＋白色＋紅色糖果棒的數字是多少？

　　　　答案：$7 + 1 + 2 = 10$

提問 8：請問紫色＋黃色＋白色糖果棒的數字是多少？

　　　　答案：$4 + 5 + 1 = 10$

提問 9：請問深綠色＋紅色＋紅色糖果棒的數字是多少？

　　　答案：$6 + 2 + 2 = 10$

提問 10：請問黃色＋淺綠色＋白色＋白色糖果棒的數字是多少？

　　　答案：$5 + 3 + 1 + 1 = 10$

學習單設計

題號	顏色	算式
1	白色＋藍色	$1 + 9 = 10$
2	紅色＋咖啡色	
3	淺綠色＋黑色	
4	黃色＋黃色	
5	深綠色＋紫色	
6	紫色＋紫色＋紅色	
7	黑色＋白色＋紅色	
8	紫色＋黃色＋白色	
9	深綠色＋紅色＋紅色	
10	黃色＋淺綠色＋白色＋白色	

活動 3　湊 10 的心算活動

教學概念

　　湊 10 是位值的重要概念，如何建立一年級學童湊 10 的心算概念，在未來的數學運算相當必要。使用撲克牌進行遊戲與活動來湊 10，可加速學童在心算的速度。

學具使用

　　撲克牌

撿紅點規則

1. 活動順序：

　　撿紅點可 2 人、3 人、4 人進行活動：2 人一組每人發 12 張牌、3 人一組每人發 8 張牌，4 人一組每人發 6 張牌。以下以 4 人為例。

a. 牌數湊 10 的方式，如牌數 1 可與牌數 9 成為 10，以此類推，牌數 10 與牌數 10 配對，牌數 J 與牌數 J 配對，牌數 Q 與牌數 Q 配對，牌數 K 與牌數 K 配對。

b. 每人發 6 張牌，剩下牌放中間，之後剩下的牌依東、南、西、北四個方向各翻出 1 張。

c. 4 人一組依發牌的對家先出牌，先看手上的 6 張牌，與桌面上所翻出的牌是否可湊成 10。若可湊 10，則將所配對成 10 的 2 張牌取走，之後再從桌面中間的牌再翻出 1 張，若這一張牌，亦可與桌面上的 3 張牌之一湊成 10，則亦可將 2 張牌取走；但若所翻出的牌無法與桌面上的 3 張牌之一湊成 10，則需將所翻出的那一張牌置於桌面上。之後依順時針方向請下一家出牌。

d. 當第二位出牌時，若桌上的 4 張牌，無法與手上的牌湊成 10，則需將手上的牌選 1 張打出。此時桌面上的牌應有 5 張，這時再從中間的牌翻出 1 張牌，若所翻出的牌可與桌上的 5 張牌之一湊成 10，則可將所湊成 10 的 2 張牌取回，若所翻出的牌無法與桌上的

牌湊成 10，則需將所翻出的牌置於桌面上，之後請第三位出牌。

e. 當所有的中間牌依上述規則取完後，則此局就結束，這時，可算
出每位的得分，得分較高者獲勝。

2. 計分方式：

a. 黑桃 A、梅花 A、紅心 A 與紅磚 A 分別為 40 分、30 分、20 分、
20 分。（黑桃 A 與梅花 A 必須和紅心 9 或紅磚 9 配對才算分，和
梅花 9 或黑桃 9 配對則不計分。）

b. 紅色 2 至 9 分別為 2 分至 9 分。

c. 紅色 10、J、Q、K 各為 10 分。

d. 其餘 0 分。

學習單設計

撿紅點

局數／得分	同學 1 得分	同學 2 得分	同學 3 得分	同學 4 得分
第一局				
第二局				
第三局				
第四局				
第五局				
第六局				
第七局				
第八局				
第九局				
第十局				

活動 4　湊 20 的數字拆解

教學概念

　　在進行湊 10 概念後，一年級學生可以進行進階的加法概念就是湊 20。湊 20 是基於湊 10 的概念後，所進行的進階概念。當學童知道湊 20 的數字拆解時，可對於多步驟的加法計算更加熟悉。學童可建立的就是任何整數相加等於 20，可以是 $5 + 5 + 5 + 5 = 20$，或是 $1 + 1 + 1 + 1 + 1 + 1 + 1 + 1 + 1 + 1 + 1 + 1 + 1 + 1 + 1 + 1 + 1 + 1 + 1 + 1 = 20$，或是 $3 + 3 + 3 + 1 + 5 + 5 = 20$，湊 10 的數字概念是湊 20 概念加法進位概念的基礎。

學具使用

　　古氏數棒

提問順序

　　同學們，剛剛認識完糖果棒的口味，我們現在要進行湊 20 的活動。（可協助學童使用 2 根橘色數棒相接，形成一條長為 20 公分的數棒。）

　　提問：請用 10 種不同方法湊出 20。找到了 10 種方法後，可以繼續發現其他不同的 10 種方法嗎？（以下為建議方式，學生可以用其他的組合方法。）

方法 1：白 + 白 + 藍 + 藍

　　　　即為 $1 + 1 + 9 + 9 = 20$

方法 2：白 + 白 + 紅 + 紅 + 黑 + 黑

　　　　即為 $1 + 1 + 2 + 2 + 7 + 7 = 20$

方法 3：白 + 白 + 黃 + 紫 + 黑 + 紅

　　　　即為 $1 + 1 + 5 + 4 + 7 + 2 = 20$

方法 4：紅 + 紅 + 紅 + 紅 + 紅 + 黃 + 黃

　　　　即為 $2 + 2 + 2 + 2 + 2 + 5 + 5 = 20$

方法 5：白 + 白 + 深綠 + 紅 + 紫 + 深綠

　　　　即為 $1 + 1 + 6 + 2 + 4 + 6 = 20$

方法6：白＋紫＋黃＋淺綠＋紫＋紅＋白

　　　　即為 $1 + 4 + 5 + 3 + 4 + 2 + 1 = 20$

方法7：白＋紅＋黑＋紅＋紅＋深綠

　　　　即為 $1 + 2 + 7 + 2 + 2 + 6 = 20$

方法8：白＋白＋白＋藍＋咖啡

　　　　即為 $1 + 1 + 1 + 9 + 8 = 20$

方法9：紫＋紫＋紫＋紫＋紫

　　　　即為 $4 + 4 + 4 + 4 + 4 = 20$

方法10：黑＋紫＋黃＋紅＋紅

　　　　即為 $7 + 4 + 5 + 2 + 2 = 20$

學習單設計

方法	結果	顏色	算式
1	20	白＋白＋藍＋藍	$1 + 1 + 9 + 9 = 20$
2	20		
3	20		
4	20		
5	20		
6	20		
7	20		
8	20		
9	20		
10	20		

活動 5　發現加法關係 1

教學概念

　　加法神奇表的設計是讓國小一年級學生發現加法數字 1 到 10 相加的關係，熟悉加法運算，例如學生需知道所有 8 的相加組合為 1＋7、2＋6、3＋5、4＋4 等。

學具使用

　　無

提問順序

　　提問：小朋友們，你可以將加法神奇表 1 的數字都填滿嗎？

學習單設計：加法神奇表 1

+	0	1	2	3	4	5	6	7	8	9
0	0	1	2	3	4					
1	1	2	3	4						
2	2									
3	3									
4										
5										
6										
7										
8										
9										

活動 6　發現加法關係 2

提問順序

提問 1：　你可以使用彩虹筆將相同的數字連起來嗎？例如：可將 3 個 2 連起
　　　　　來、4 個 3 相連等。

提問 2：　你可以發現 a. 最多的數字是多少？b. 共有幾個？c. 為什麼呢？

　　　　　答案：

　　　　　a：9。b：10 個。

　　　　　c：$0+9$，$1+8$，$2+7$，$3+6$，$4+5$，$5+4$，$6+3$，$7+2$，
　　　　　　$8+1$，$9+0$。

　　　　　因為加法交換律所以有 10 個方法，亦可以看成是 5 個使用不同數
　　　　　字的方法。如 $0+9=9+0$。

提問 3：　你可以發現 a. 第二多的數字是多少？b. 共有幾個？c. 為什麼呢？

　　　　　答案：

　　　　　(1) a：8。b：9 個。

　　　　　　　c：$0+8$，$1+7$，$2+6$，$3+5$，$4+4$，$5+3$，$6+2$，$7+1$，
　　　　　　　　$8+0$。

　　　　　(2) a：10。b：9 個。

　　　　　　　c：$1+9$，$2+8$，$3+7$，$4+6$，$5+5$，$6+4$，$7+3$，$8+2$，
　　　　　　　　$9+1$。

提問 4：　你可以發現 a. 第三多的數字是多少？b. 共有幾個？d. 為什麼呢？

　　　　　答案：

　　　　　(1) a：7。b：8 個。

　　　　　　　c：$0+7$，$1+6$，$2+5$，$3+4$，$4+3$，$5+2$，$6+1$，$7+0$。

　　　　　(2) a：11。b：8 個。

　　　　　　　c：$2+9$，$3+8$，$4+7$，$5+6$，$6+5$，$7+4$，$8+3$，$9+2$。

提問 5： 你可以發現 a. 最少的數字是多少？b. 共有幾個？c. 為什麼呢？

　　　　答案：

　　　　(1) a：0。b：1 個。c：0＋0。

　　　　(2) a：18。 b：1 個。c：9＋9。

提問 6： 你可以發現 a. 第二少的數字是多少？b. 共有幾個？c. 為什麼呢？

　　　　答案：

　　　　(1) a：1。b：2 個。c：0＋1，1＋0。

　　　　(2) a：17。 b：2 個。c：8＋9，9＋8。

學習單設計：加法神奇表 2

+	0	1	2	3	4	5	6	7	8	9
0	0	1	2	3	4	5	6	7	8	9
1	1	2	3	4	5	6	7	8	9	10
2	2	3	4	5	6	7	8	9	10	11
3	3	4	5	6	7	8	9	10	11	12
4	4	5	6	7	8	9	10	11	12	13
5	5	6	7	8	9	10	11	12	13	14
6	6	7	8	9	10	11	12	13	14	15
7	7	8	9	10	11	12	13	14	15	16
8	8	9	10	11	12	13	14	15	16	17
9	9	10	11	12	13	14	15	16	17	18

活動 7　發現加法關係 3

請完成下面的加法神奇表

+	0	3	9	4	8	5	7	5	2	1
2	2	5								
6										
7										
3				7						
5										
1				9						
8										
4										
9										
0										

活動 8　發現加法關係 4

請完成下面的加法神奇表

+	13	12	14	15	18	11	17	16	19	20
2	15	14								
6										
7										
3				18						
5										
1					19					
8										
4										
9										
0										

活動 9 數字拆解與加法進位

教學概念

　　數字拆解可取代加法直式，能立即協助一年級學童理解加法進位的策略。數字拆解，就是可將數字拆成較容易計算的模式。例如：8 可以拆解成 (1,7)、(2,6)、(3,5)、(4,4) 等。他們使用加法橫式就能算出答案。數字拆解亦可適用於減法、乘法與除法等運算。數字拆解不只一種拆解方式，若是有 3 個數字相加，拆解的方式更加多元。

學具使用

　　古氏數棒

加法拆解策略

策略 1：拆解 5 的數字以湊 10

範例 a

$5 + 8 = 5 + 5 + 3 = 13$

5　3

範例 b

$7 + 15 = 7 + 3 + 12 = 22$

3　12

策略 2：2M 策略

$7 + 15 = 7 + 7 + 7 + 1 = 22$

7　7 + 1

說明：

任何數字可拆解成 $5 + ?$，再湊 10。

8 可以拆解成 $5 + 3$，因為 $5 + 5 = 10$。

15 可拆解為 $3 + 12$，因為
$7 + 3 = 10$。

2M 即為 $2M = M + M$，如 $8 = 4 + 4$。

15 可拆解為 $7 + 7 + 1$，因為
$7 + 7 + 7 + 1 = 7 \times 3 + 1 = 22$。

策略 3：應用拆解 5 與湊 10

說明：

範例 a

$6 + 9 + 8 = 6 + 4 + 2 + 3 + 8$
$\qquad = 10 + 3 + 10 = 23$

9 拆解成 $4 + 5$，因為可讓 $6 + 4 = 10$；
5 拆解成 $2 + 3$，使 $2 + 8 = 10$。

範例 b

$6 + 9 + 8 = 5 + 1 + 9 + 8$
$\qquad = 15 + 8 = 15 + 5 + 3$
$\qquad = 23$

6 拆解成 $1 + 5$，因為 $1 + 9 = 10$；
8 又拆解成 $5 + 3$，使 $15 + 5 = 20$。

範例 c

$6 + 9 + 8 = 6 + 9 + 1 + 7$
$\qquad = 16 + 7 = 16 + 4 + 3$
$\qquad\qquad = 23$

8 可以拆解成 $1 + 7$，因為 $1 + 9 = 10$；
7 又拆解為 $4 + 3$，使 $16 + 4 = 20$。

算算看

1. $8 + 8 =$

2. $6 + 7 + 9 =$

3. $14 + 9 =$

4. $16 + 7 =$

5. 24 + 9 =

6. 18 + 14 + 17 =

7. 23 + 26 + 27 =

_____

活動 10 破解加法應用問題

教學概念

　　一年級的加法應用問題可分為 2 種，一是併加題型，另一為添加題型。每一種題型又有和未知、加數未知與被加數未知，三種提問的方式。

1. 和未知：5 + 7 = □

　　併加型：怡寧有 5 張三角形圖卡，曉明有 7 張三角形圖卡，請問兩人共有幾張三角形圖卡？如下圖：

　　添加型：怡寧有 5 張三角形圖卡，曉明又給了怡寧 7 張三角形圖卡，請問怡寧有幾張三角形圖卡？

　　說明：

(1) 和未知的應用題型有 3 個句子，加法問題有兩位主角。以併加題型為例，第一位主角是第一句「怡寧有 5 張三角形圖卡」，第二位主角是第二句「曉明有 7 張三角形圖卡」，最後一句要提問「兩人共有幾張三角形圖卡？」

(2) 加法問題有兩種，分別為併加型與添加型的加法問題。併加型的加法問題要求兩人所擁有的三角形圖卡相加；而添加型的加法問題為曉明的三角形圖卡給了怡寧，請問怡寧的三角形圖卡有多少？

(3) 若教師用「關鍵字」進行教學，如看到「共」就是加法，只適用於併加題型，若出現的是第二種應用題，學生就不知道要使用什麼方法。

2. 加數未知：5 + □ = 12

併加型：怡寧有 5 張三角形圖卡，曉明有一些三角形圖卡，若兩人共有 12 張三角形圖卡，請問曉明有幾張三角形圖卡？

添加型：怡寧有 5 三角形圖卡，曉明又給了怡寧一些三角形圖卡，怡寧之後有了 12 張三角形圖卡，請問曉明給了怡寧幾張三角形圖卡？

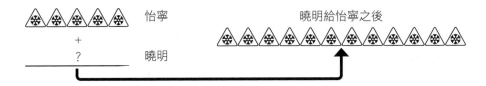

說明：

(1) 加數未知的問題，有 4 個句子，語意難度較高。關鍵在於「一些」，如「曉明有一些三角形圖卡」，這句話表示不知道曉明有多少三角形圖卡，而學生要能理解題意後，才可進行解題。

(2) 因為加法問題有兩種，即併加型與添加型。併加型的加法問題要求兩位同學所擁有的三角形圖卡相加，產生題意的問法不同，如「兩人共有 12 張三角形圖卡，請問曉明有幾張三角形圖卡？」而添加型的加法問題則是怡寧之後所擁有的圖卡，如「怡寧之後有了 12 張三角形圖卡，請問曉明給了怡寧幾張三角形圖卡？」兩種題型的問法不同，所以使用圖示將更容易。

(3) 若教師用「關鍵字」進行教學，如看到「共」就是加法，關鍵字教學於此二種題型都不適用。

3. 被加數未知： □ + 5 = 12

併加型：怡寧有一些三角形圖卡，曉明有 5 張三角形圖卡，若兩人共有 12 張三角形圖卡，請問怡寧有幾張三角形圖卡？

添加型：怡寧有一些三角形圖卡，曉明又給了怡寧 5 張三角形圖卡，怡寧之後有了 12 張三角形圖卡，請問怡寧原本有幾張三角形圖卡？

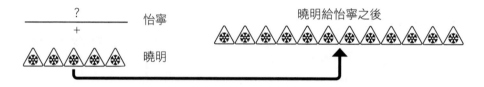

說明：

(1) 被加數未知的應用問題，同樣地有 4 個句子，所以應用題的難度高於只有 3 個句子的應用題型，關鍵在於「一些」，如「怡寧有一些三角形圖卡」，這句話表示不知道怡寧有多少張三角形圖卡，而學生要能理解題意後，才可進行解題。

(2) 因為加法問題有兩種，即併加型與添加型。併加型的加法問題要求兩位同學所擁有的三角形圖卡相加，產生題意的問法不同，如「兩人共有 12 張三角形圖卡，請問怡寧有幾張三角形圖卡？」而添加型的加法問題則是怡寧之後所擁有的圖卡，如「怡寧之後有了 12 張三角形圖卡，請問怡寧原有幾張三角形圖卡？」兩種題型的問法不同，所以使用圖示將更為容易。

(3) 若教師用「關鍵字」進行教學，如看到「共」就是加法，關鍵字教學於此二種題型都不適用。

(三) 減法教學活動

以下列舉減法的 7 個活動。

活動 11 為建立一年級學生減法心像概念，即學生需使用古氏數棒，以建立具體圖像與數字減法的連結。

活動 12 至活動 15 為發現減法關係，活動 12 的設計為二位數與一位數的減法運算，學生可計算二位與一位的數字減法，了解減法的計算。

活動 13 基於活動 12 的結果，學生需觀察二位數與一位數的減法結果，看到同樣的數字，從斜線的數字看出哪些數字出現最多次，哪些數字出現最少，可以發現不同的數字可以得到同樣的結果。

活動 14 將 20 以下不同的數字隨機排列，要求學生得出表單的結果，目的在加強學生的減法運算。

活動 15 將 30 以下不同的數字隨機排列，要求學生得出表單的結果，目的要由學生進行更難的減法運算，當然教師可設計 40 以下或是 50 以下的減法神奇表。

活動 16 是數字拆解，學生可使用數字拆解進行減法退位運算，並介紹減法不同的數字拆解策略。

活動 17 為破解減法應用問題，有拿走、比較、追加三種題型，使用圖像的方式，協助學生了解。每種題型又可細分為三個子題型，如差未知、減數未知與被減數未知的題型等。

活動 11 建立減法心像概念

教學概念

　　當一年級學生對數字與顏色的對應產生連結，就可以進行減法運算。而減法運算的數字就是 10 以內的數字相減，相減後的數字為 0 到 10，例如：$10 - 8 = 2$。

學具使用

　　古氏數棒

提問順序

　　同學們，剛剛完成第二關，現在要進行第三關了。

提問 1： 請問黃色 – 紫色糖果棒的數字是多少？
　　　　 答案：$5 - 4 = 1$

提問 2： 請問淺綠色 – 紅色糖果棒的數字是多少？
　　　　 答案：$3 - 2 = 1$

提問 3： 請問黃色 – 紅色糖果棒的數字是多少？
　　　　 答案：$5 - 2 = 3$

提問 4： 請問黑色 – 黃色糖果棒的數字是多少？
　　　　 答案：$7 - 5 = 2$

提問 5： 請問咖啡色 – 紫色糖果棒的數字是多少？
　　　　 答案：$8 - 4 = 4$

提問 6： 請問黃色 – 黃色糖果棒的數字是多少？
　　　　 答案：$5 - 5 = 0$

提問 7： 請問黑色 – 白色 – 紅色糖果棒的數字是多少？
　　　　 答案：$7 - 1 - 2 = 4$

提問 8： 請問藍色 – 紫色 – 黃色糖果棒的數字是多少？
　　　　 答案：$9 - 4 - 5 = 0$

提問 9：請問藍色－淺綠色－白色糖果棒的數字是多少？

　　　　答案：9－3－1＝5

提問 10：請問橘色－紫色－紫色糖果棒的數字是多少？

　　　　答案：10－4－4＝2

學習單設計

題號	糖果棒相減	數字
1	黃色－紫色	5－4＝1
2	淺綠色－紅色	
3	黃色－紅色	
4	黑色－黃色	
5	咖啡色－紫色	
6	黃色－黃色	
7	黑色－白色－紅色	
8	藍色－紫色－黃色	
9	藍色－淺綠色－白色	
10	橘色－紫色－紫色	

活動 12　發現減法關係 1

教學概念

　　減法神奇表的設計是讓國小一年級學生發現減法數字 1 到 10 相減的關係，由橫排的數字減掉直排的數字，例如學生需知道如何進行二位數減一位數的減法，如 10 – 1 = 9，12 – 3 = 9 等。

學具使用

　　無

提問順序

提問 1：小朋友們，你可以將減法神奇表的數字都填滿嗎？

學習單設計：減法神奇表 1

－	10	11	12	13	14	15	16	17	18	19
0	10	11	12	13	14					
1	9	10	11	12						
2	8									
3	7									
4										
5										
6										
7										
8										
9										

活動 13　發現減法關係 2

教學概念

　　減法神奇表的設計是讓國小一年級學生發現減法數字 1 到 10 相減的關係，由橫排的數字減掉直排的數字，例如學生需知道如何進行二位數減一位數的減法，如 $10 - 1 = 9$，$12 - 3 = 9$ 等。

提問順序

提問 1：　你可以使用彩虹筆將相同的數字連起來嗎？例如：可將 3 個 17 連起來、4 個 16 相連等。

提問 2：　你可以發現 a. 最多的數字是多少？b. 共有幾個？c. 為什麼呢？

　　　　　答案：

　　　　　a：10。b：10 個

　　　　　c：$10 - 0 = 10$，$11 - 1 = 10$，$12 - 2 = 10$，$13 - 3 = 10$，$14 - 4 = 10$，$15 - 5 = 10$，$16 - 6 = 10$，$17 - 7 = 10$，$18 - 8 = 10$，$19 - 9 = 10$。

提問 3：　你可以發現 a. 第二多的數字是多少？b. 共有幾個？c. 為什麼呢？

　　　　　答案：

　　　　　(1) a：11。b：9 個

　　　　　　　c：$11 - 0 = 11$，$12 - 1 = 11$，$13 - 2 = 11$，$14 - 3 = 11$，$15 - 4 = 11$，$16 - 5 = 11$，$17 - 6 = 11$，$18 - 7 = 11$，$19 - 8 = 11$。

　　　　　(2) a：9。b：9 個。

　　　　　　　c：$10 - 1 = 9$，$11 - 2 = 9$，$12 - 3 = 9$，$13 - 4 = 9$，$14 - 5 = 9$，$15 - 6 = 9$，$16 - 7 = 9$，$17 - 8 = 9$，$18 - 9 = 9$。

提問 4：　你可以發現 a. 第三多的數字是多少？b. 共有幾個？c. 為什麼呢？

　　　　　答案：

(1) a：12。b：8 個。

　　c：12 − 0 = 12，13 − 1 = 12，14 − 2 = 12，15 − 3 = 12，16 − 4 = 12，17 − 5 = 12，18 − 6 = 12，19 − 7 = 12。

(2) a：8。b：8 個。

　　c：10 − 2 = 8，11 − 3 = 8，12 − 4 = 8，13 − 5 = 8，14 − 6 = 8，15 − 7 = 8，16 − 8 = 8，17 − 9 = 8。

提問 5： 你可以發現 a. 最少的數字是多少？b. 共有幾個？c. 為什麼呢？

　　答案：

(1) a：19。b：1 個。

　　c：19 − 0 = 19。

(2) a：1。b：1 個。

　　c：10 − 9 = 1。

提問 6： 你可以發現 a. 第二少的數字是多少？b. 共有幾個？c. 為什麼呢？

　　答案：

(1) a：18。b：2 個。

　　c：18 − 0 = 18，19 − 1 = 18。

(2) a：2。b：2 個。

　　c：10 − 8 = 2，11 − 9 = 2。

學習單設計：減法神奇表 2

－	10	11	12	13	14	15	16	17	18	19
0	10	11	12	13	14	15	16	17	18	19
1	9	10	11	12	13	14	15	16	17	18
2	8	9	10	11	12	13	14	15	16	17
3	7	8	9	10	11	12	13	14	15	16
4	6	7	8	9	10	11	12	13	14	15
5	5	6	7	8	9	10	11	12	13	14
6	4	5	6	7	8	9	10	11	12	13
7	3	4	5	6	7	8	9	10	11	12
8	2	3	4	5	6	7	8	9	10	11
9	1	2	3	4	5	6	7	8	9	10

活動 14　發現減法關係 3

請完成下面的減法神奇表

－	11	18	15	12	17	14	13	18	19	16
2	9	16								
7										
3										
1				11						
4										
6					11					
5										
9										
0										
8										

活動 15　發現減法關係 4

請完成下面的減法神奇表

－	21	29	22	24	27	25	20	23	28	26
11	10	18								
13										
15										
19				5						
12										
16					11					
10										
14										
18										
17										

活動 16 數字拆解與減法退位

教學概念

　　數字拆解可取代減法直式，能立即協助一年級學童理解減法退位的策略。數字拆解，就是可將數字拆成較容易計算的模式。例如：7 可以拆解成 (1,6)、(2,5)、(3,4) 等。他們使用減法橫式就能算出答案。數字拆解亦可適用於加法、乘法與除法等運算。

學具使用

　　古氏數棒

減法拆解策略	說明：
策略 1：拆解 5 的數字	任何數字可拆解成 $5 + ?$
範例 a	
$8 - 5 = 5 + 3 - 5 = 3$	8 可以拆解成 $5 + 3$，因為 $5 - 5 = 0$

$$8 - 5 = 5 + 3 - 5 = 3$$

　5　3

範例 b

$$15 - 7 = 15 - 5 - 2 = 8$$

　5　2

7 可以拆解成 $5 + 2$，因為 $15 - 5 = 10$
由之前湊 10 的活動可知，$10 = 2 + 8$，
所以 $10 - 2 = 8$

策略 2：2M 策略

2M 即為 $2M = M + M$，如 $8 = 4 + 4$

範例 a

$$15 - 7 = 7 + 7 + 1 - 7 = 8$$

7　$7 + 1$

15 可以拆解成 $7 + 7 + 1$，因為 $7 - 7 = 0$

範例 b

$$16 - 7 - 8 = 8 + 8 - 7 - 8$$

16 可以拆解成 $8 + 8$，使 $8 - 8 = 0$

$$= 1$$

8　8

策略 3：補 1

範例：

$$28 - 19 = 28 - 20 + 1$$

19 可以看成 $20 - 1$，因減 20 較容易

策略 4：補 2

範例：

$$35 - 28 = 35 - 30 + 2$$

28 可以看成 $30 - 2$，因減 30 較容易

策略 5：補 3

範例：

$$34 - 27 = 34 - 30 + 3$$

27 可以看成 $30 - 3$，因減 30 較容易

策略 6：簡化大數字，同時減 60

範例：

$$123 - 67 = 63 - 7$$

同時減 60 數字變小，再用補 3 策略

$$= 63 - 10 + 3 = 56$$

策略 7：簡化大數字，同時減 120

範例：

$$247 - 128 = 127 - 8$$

同時減 120 數字變小，再用補 2 策略

$$= 127 - 10 + 2 = 119$$

算算看：

　　1. $17 - 7 =$

2. 26 – 8 =

3. 17 – 9 =

4. 125 – 78 =

5. 225 – 128 =

_____

活動 17　破解減法應用問題

教學概念

　　一年級學生於減法應用問題可學習 3 種應用題型，一為拿走型，二為比較型，三為追加型。每一種題型又可分為差未知、減數未知與被減數未知三種提問的方式。

學具使用

　　圖示法或古氏數棒

1. 差未知：7 − 5 = □

　　拿走型：治平有 7 個積木，給了家甄 5 個積木，請問治平剩下幾個積木？

$$\underbrace{\square\square\cancel{\square\square\square\square\square}}_{治平} \longrightarrow \underbrace{\square\square\square\square\square}_{家甄} \longrightarrow \underbrace{\quad\overset{?}{\rule{2cm}{0pt}}\quad}_{治平剩下}$$

　　比較型：治平有 7 個積木，家甄有 5 個積木，請問治平比家甄多幾個積木？

治平 □□□□□□□
家甄 □□□□□ ?

　　追加型：治平有 7 個積木，家甄有 5 個積木，家甄還需再拿幾個積木，才會與治平一樣多？

治平 □□□□□□□
家甄 □□□□□ ?

　　說明

(1) 差未知的應用題型有三個句子，與加法問題一樣有兩位主角。以拿走型為例，第一位是「治平有 7 個積木」，第二位是「給了家甄 5 個積木」，最後一句是「請問治平剩下幾個積木？」

(2) 拿走型的減法問題是治平「給了」家甄 5 個積木；比較型的減法題型為治平與家甄「互相比較」；而追加題型則是家甄若要與治平的積木「一樣多」，還需要多少積木？

(3) 若教師用「關鍵字」進行教學，如看到「剩下或相差」就是減法，只適用於拿走題型，若出現的是其他二種題型，學生就會有困難。但若是看到「多或少」就是減法，則只適用於比較型，其他兩種題型亦不適用。

2. 減數未知：7－□＝2

拿走型：治平有 7 個積木，給了家甄一些積木，如果治平剩下 2 個積木，請問治平給了家甄幾個積木？

比較型：治平有 7 個積木，家甄有一些積木，如果治平比家甄多 2 個積木，請問家甄有幾個積木？

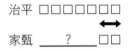

追加型：治平有 7 個積木，家甄有一些積木，如果家甄還需再拿 2 個積木，才會與治平一樣多，請問家甄有幾個積木？

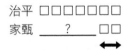

說明

(1) 減數未知的應用題型有四個句子，語意複雜程度較高。關鍵在於「一些」，如給了家甄「一些」積木，這句話表示不知道給了家甄多少積木，而學生要在於理解題意後，才可進行解題。

(2) 拿走型的減法問題是治平將積木「給了」家甄一些；比較型的減法題

型則是治平的積木與治平給了家甄後所剩下的積木相「比較」，需找
出給了家甄多少積木；而追加題型則是治平的積木與家甄所要「多
拿」的積木相比較，找出家甄的積木。

(3) 若教師用「關鍵字」進行教學，如看到「剩下或相差」或是「多或
少」就是減法，則不適用於減數未知的題型。

3. 被減數未知：□－5＝2

拿走型：治平有一些積木，給了家甄 5 個積木，如果治平剩下 2 個積
木，請問治平原來有幾個積木？

比較型：治平有一些積木，家甄有 5 個積木，如果治平比家甄多 2 個積
木，請問治平原來有幾個積木？

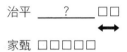

追加型：治平有一些積木，家甄有 5 個積木，如果家甄還需再拿 2 個積
木，才會與治平一樣多，請問治平原來有幾個積木？

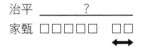

說明

(1) 被減數未知的題型有 4 個句子，語意複雜程度更高。關鍵在於「一
些」，如治平有「一些」積木，這句話表示不知道治平有多少積木，
而學生要在於理解題意後，才可進行解題。

(2) 拿走型的減法問題是治平原有的一些積木「給了」家甄 5 個；比較型
的減法題型則是家甄的 5 個積木與「較多」的 2 個積木相加，以找出

治平原來的積木；而追加題型則是家甄的積木與所要「多拿」的 2 個積木相加，找出治平原有的積木。

(3) 若教師用「關鍵字」進行教學，如看到「剩下或相差」或是「多或少」就是減法，則不適用於被減數未知的題型。

(四) 加法與減法教學活動

以下列舉加法與減法的 2 個教學活動。

活動 18 為加減法心像概念，在於使用古氏數棒進行加法與減法的混合計算，即使用具體物協助學生對於加法與減法計算的理解，以對於之後應用問題有更為清楚的了解。

活動 19 為 100 以內的加減法心算概念，在於應用撲克牌 99 的遊戲，從遊戲中加速學生加法與減法的心算技巧。

活動 18 建立加減法心像概念

　　一年級學生進行活動 1 與 11 後，即可進行加減法心像概念，即加減法混合運算。數字使用古氏數棒 1 到 10 的數字，例如：10 + 8 − 8 = 10。

學具使用

　　古氏數棒

提問順序

提問 1：請問黃色 + 黑色 − 紫色糖果棒的數字是多少？

　　　　答案：5 + 7 − 4 = 8

提問 2：請問深綠色 + 藍色 − 橘色糖果棒的數字是多少？

　　　　答案：6 + 9 − 10 = 5

提問 3：請問黑色 − 黃色 + 紫色糖果棒的數字是多少？

　　　　答案：7 − 5 + 4 = 6

提問 4：請問黃色 + 深綠色 − 紫色糖果棒的數字是多少？

　　　　答案：5 + 6 − 4 = 7

提問 5：請問紅色 + 紫色 − 黃色糖果棒的數字是多少？

　　　　答案：2 + 4 − 5 = 1

提問 6：請問黃色 + 黑色 − 藍色糖果棒的數字是多少？

　　　　答案：5 + 7 − 9 = 3

提問 7：請問黑色 + 淺綠色 − 咖啡色糖果棒的數字是多少？

　　　　答案：7 + 3 − 8 = 2

提問 8：請問藍色 + 紅色 − 黑色糖果棒的數字是多少？

　　　　答案：9 + 2 − 7 = 4

提問 9：請問咖啡色 − 深綠色 + 黑色糖果棒的數字是多少？

　　　　答案：8 − 6 + 7 = 9

提問 10：請問橘色 + 紫色 − 咖啡色糖果棒的數字是多少？

　　　　　答案：10 + 4 − 8 = 6

學習單設計

題號	糖果棒相減	數字
1	黃色 + 黑色 − 紫色	$5 + 7 - 4 = 8$
2	深綠色 + 藍色 − 橘色	
3	黑色 − 黃色 + 紫色	
4	黃色 + 深綠色 − 紫色	
5	紅色 + 紫色 − 黃色	
6	黃色 + 黑色 − 藍色	
7	黑色 + 淺綠色 − 咖啡色	
8	藍色 + 紅色 − 黑色	
9	咖啡色 − 深綠色 + 黑色	
10	橘色 + 紫色 − 咖啡色	

活動 19　100 以內加法與減法心算（撲克牌 99）

教學概念

　　訓練二年級學童 100 以內的加減法心算，可以加速學童在加減法計算的速度。而撲克牌 99 的活動，不限人數，在遊戲的氛圍中，讓學童喜歡學習，提升心算能力。

學具使用

　　撲克牌

99 規則

　1. 活動順序：

　　a. 不限人數：每人發 5 張牌，其他牌置於中間。

　　b. 可先從發牌對家開始出牌，可由有梅花 3 者開始出牌，之後請下家出牌，開始累積牌數。

　　c. 出牌後，需從置於中間牌抽回 1 張，維持 5 張牌的張數。

　　d. 依序出牌，直到牌數累積到 99 時，使用功能牌可至下一輪，如可使用迴轉 (4)、指定 (5)、加減 10(10)、跳過 (J)、加減 20(Q)、加 99(K) 等牌。

　　e. 若牌數至 99，手中無功能牌可使用則淘汰，其他玩家繼續。

　2. 功能牌：

　　a. 1：加 1

　　b. 2：加 2

　　c. 3：加 3

　　d. 4：迴轉

　　e. 5：指定（直接指定玩家出牌）

　　f. 6：加 6

　　g. 7：加 7

　　h. 8：加 8

i. 9：加 9

j. 10：加 10 或減 10

k. J：跳過一輪（數值不變，換下家出牌，通常出牌者會喊 Pass 或 Skip）

l. Q：加 20 或減 20

m. K：加 99

學習單設計

學生可自行使用紙筆進行記錄。

以 4 位同學的玩家記錄為例，以下僅為部分的出牌記錄。

次數	出牌數字	累積數字	功能牌
第 1 位	6	6	
第 2 位	3	9	
第 3 位	1	10	
第 4 位	7	17	
第 1 位	3	20	
第 2 位	1	21	
第 3 位	3	24	
第 4 位	8	32	
第 1 位	7	39	
第 2 位	99	99	K
第 3 位	−10	89	10
第 4 位	7	96	
第 1 位	5	96	5 指定
第 2 位	99	99	K
第 3 位	−20	79	Q
第 4 位	8	87	

第**5**章

整數乘法的教學實務

　　有鑑於臺灣 108 年提出十二年國民基本教育提升數學素養的重要（教育部，2018），本章整理整數乘法的課程標準、相關的文獻與相對應的教學活動。

一、課程標準：NCTM (2000) 與教育部 (2018) 的比較

數與計算	K-2 NCTM	臺灣數學能力指標
理解運算的意義與運算的相互關係	・理解乘法和除法的意義，如乘法為每組數量相同的累加，除法為平均分配的概念。	N-2-6 乘法：乘法的意義與應用。在學習乘法過程，逐步發展「倍」的概念，作為統整乘法應用情境的語言。 N-2-7 十十乘法：乘除直式計算的基礎，以熟練為目標。建立「幾個一數」的點數能力。 R-2-3 兩數相乘的順序不影響其積：乘法交換律。可併入其他教學活動。
能熟練計算與進行合理估算	・使用多樣性的方法來計算，包括具體物操作、心算、估測、紙筆計算和計算機。	N-2-8 解題：兩步驟應用問題（加、減、乘）。加減混合、加與乘、減與乘之應用解題。不含併式。不含連乘。 N-2-9 解題：分裝與平分。以操作活動為主。除法前置經驗。理解分裝與平分之意義與方法。引導學生在解題過程，發現問題和乘法模式的關連。

數與計算	3-5 NCTM	臺灣數學能力指標
理解運算的意義與運算的相互關係	能了解不同意義的乘法與除法概念	N-3-3 乘以一位數：乘法直式計算。教師用位值的概念說明直式計算的合理性。被乘數為二、三位數。

整數乘法與除法的課程標準可分 K-2 與 3-5 兩個年段進行探討。

(一) K-2

NCTM 於整數乘法與除法可分二向度，共 2 個指標說明：

1. 理解運算的意義與運算的相互關係

a. 理解乘法和除法的意義，如乘法為每組數量相同的累加，除法為平均分配的概念。

於 1-a，指標的重點在於說明乘法與除法的意義，臺灣的指標也在於乘法意義的說明，在於倍的概念，如 N-2-6；並且於 N-2-7，要求學生要熟練十十乘法表；再者，於 R-2-3，臺灣的指標亦著重乘法交換律的概念。

2. 能熟練計算與進行合理估算

a. 使用多樣性的方法來計算，包括具體物操作、心算、估測、紙筆計算和計算機。

於 2-a，NCTM 強調使用具體物操作，還有使用心算、估測、紙筆計算與計算機；但臺灣的指標，重視解題如兩步驟的應用問題，如 N-2-8；於除法部分重視分裝與平分，如 N-2-9。

(二) 3-5

NCTM 於整數乘法與除法 3-5 可分一向度，共 1 個指標說明：

1. 理解運算的意義與運算的相互關係

a. 能了解不同意義的乘法與除法概念

於 1-a，NCTM 重視學生能了解不同的乘法與除法概念，即乘法與除法不同的使用情境，如乘法的群組性乘法問題、面積性乘法問題，除法有等分與包含除等題型，臺灣的指標 N-3-3 僅提出乘法直式計算，並未將乘法與除法的不同情境列出。

綜合以上，比較 NCTM 的課程標準著重乘法是累加的概念，臺灣的課程標準重於理解乘法運算的意義與相互關係；再者，於熟練計算與進行合理估算的向度，NCTM 重視使用多樣性的方法來計算，臺灣著重在乘法是倍數的關係，理解乘法運算的意義，並未提出多元計算的方式。

二、乘法的相關文獻

學生在一年級時，可能會使用重複的加法策略來達成乘法的目的。這樣重複性的方法，可能也會被應用在比例型的題目上（謝如山、潘鳳琴，2014，p81）。例如：小華有 3 個袋子，每個袋子中有 4 個蘋果，請問小華有多少個蘋果？學生可能會把所有的蘋果數從 1 到 12 都數過一遍。等到他們更熟悉後，他們可能會產生更快的算法，如 3、6、9、12。

依謝如山與潘鳳琴 (2014, p80) 乘法題型可以簡單分為可相互交換與不可相互交換的兩種題型。

(一) 可相互交換的情況

大致上可分為互相交乘，即交換律，與非互相交乘兩種情況。什麼是互相交乘的情況，就是乘數與被乘數可相互交換的關係，有兩種類型如下：

1. 組合型。例如：小珍有三件不同顏色的外套，紅色、白色及藍色，有四件不同顏色的襯衫，粉紅色、黑色、綠色及褐色，請問小珍有幾種

不同的配法？

2. 面積型。例如：一塊長方形田地一邊長 8 公尺，另一邊長 7 公尺，其面積為多少平方公尺？

(二) 不可相互交換的情況

另一種情況是不能互換的，這樣的類型有下列三種。

1. 群組型。如小惠有 3 袋蘋果，一袋有 6 顆蘋果，問小惠有幾顆蘋果？

2. 比較型。如小強有 10 枝鉛筆，小華是小強的 3 倍，試問小華有幾枝鉛筆？

3. 比例型。如一枝鉛筆 6 元，小強買了 8 枝，試問小強花了多少元？

根據相關的研究顯示，有些一年級的小朋友就能解決群組性類型的題目；組合型與面積型的題目較為困難，在經過一些暗示後有些三年級的學生能解決這兩種類型的題目；有關比較型與比例型的題目最為困難 (Kouba & Franklin, 1993)。

三、乘法的教學

以下分乘法教學活動的階層與乘法的教學活動兩部分說明。

(一) 乘法教學活動的階層

一年級

活動 1：建立乘法心像概念

活動 2：建立乘法與加法的關係：跳數

二年級

活動 3：建立乘法的數字關係——交換律

活動 4：建立乘法的數字關係——結合律

活動 5：建立乘法的數字關係——分配律

活動 6：建立加法與乘法活動（數字天秤）

活動 7：如何教十十乘法——乘法原理

活動 8：如何教九九乘法表——乘法手指

活動 9：乘法神奇表 1

活動 10：乘法神奇表 2

活動 11：乘法神奇表 3

活動 12：乘法神奇表 4

活動 13：乘法神奇表 5

活動 14：乘法神奇表 6

三年級

活動 15：破解乘法直式——二位數乘一位數

活動 16：破解乘法直式——二位數乘二位數

(二) 乘法的教學活動

以下列舉乘法的 16 個教學活動。

活動 1 為建立乘法心像概念，即學生使用古氏數棒進行乘法的計算，學生使用具體物的操作方式，對於乘法即為累加的意義有扎根性的理解，之後對於較為困難的乘法數字運算，可以使用累加的策略解題。

　　活動 2 為建立學生跳數的策略，本活動並未列入臺灣 108 年課綱的標準，其實跳數是乘法的前期概念，學生經由加法的活動後，再學習跳數，如以 2 的跳數，即是 2、4、6、8、10……發現 2 的跳數即可為之後的乘法運算來準備。

　　活動 3 是乘法交換律，乘法交換律是重要的數學概念，在於學生應用此性質可以減少一半的九九乘法表運算的時間，所以乘法交換律是乘法教學必要的教學活動。

　　活動 4 是乘法結合律，乘法結合律應用在三個數字間的乘法運算，學生可以先算前兩個數字，也可以先算後兩個數字，答案都一樣。本觀念於第 7 章四則運算有更為完整的說明。

　　活動 5 是乘法分配律，分配律亦是乘法的重要概念，學生可應用分配律進行數字拆解，即可將較大的乘法數字減少為較小的數字，如 $9 \times 5 = 4 \times 5 + 5 \times 5$。所以分配律的功能在於協助學生可用分配律的策略來解決乘法問題。

　　活動 6 是應用數字天秤建立加法與乘法活動，如 $20 = 5 \times 4$，學生可從天秤的左邊看到 2 片砝碼放在 10 的位置，而右邊看到 4 片砝碼放在 5 的位置。

　　活動 7 是十十乘法表的活動設計，使用古氏數棒於 10 以內的乘法概念進行應用，從 1 到 10 的乘法進行分析，建立學生對於 10 以內乘法的理解。

　　活動 8 為乘法手指，用於 6 以上到 9 的乘法，即 6×6 到 9×9 的乘法，而 5 以下的乘法則可用活動 7 的方式來運算。

　　活動 9 為乘法神奇表 1，要求學生將乘法神奇表中 1 到 10 的乘法數字填滿，本活動主要在檢視學生於 10×10 乘法表中的計算過程。

　　活動 10 為乘法神奇表 2，學生需觀察 10×10 神奇表中的數字有什麼特別的地方，如 9 的乘法數字、3 的乘法數字等。

　　活動 11 為乘法神奇表 3，神奇表改為 9×9 的數字，學生從中可以發現什麼特性呢，如對稱軸，5 的數字是中間的數字，又可稱為中位數等。

　　活動 12 為乘法神奇表 4，學生可看到等值分數的概念，也可發現百位

數乘個位數的乘法，也可發現 9 個乘法數字的相互關係，發現更多數字的規律。

　　活動 13 為乘法神奇表 5，學生可看到不同的乘法數字規律，如 9、8、7 的數字有何不同、7 的乘法數字有什麼特性等。

　　活動 14 為乘法神奇表 6，學生能發現行與行相加或是相減的數字特性，如 1 的數字加上 2 的數字等於 3 的數字，可以發現代數的概念。

　　活動 15 為乘法直式：二位數乘一位數。學生需理解乘法直式過程的數字意義，如何應用數棒產生二位數乘一位數的具體圖像，對學生學習乘法直式能深入地理解。本活動採用面積模式與群組模式說明。

　　活動 16 為乘法直式：二位數乘二位數。本活動採用數字拆解的策略進行乘法直式的說明，如 12 × 13，如何將乘法直式的四個算式簡化為二個算式，也採用面積模式進行講解，四個面積即為乘法直式的四個算式。

活動 1　建立乘法心像概念

教學概念

　　在一年級學童學會加法與減法心像概念後，之後進到乘法心像概念。乘法心像概念如同加法與減法一樣，先進行數棒顏色與數字的連結，例如：學生知道 2 代表的是紅色數棒，4 代表的是紫色數棒，教師在加法與減法的活動後，就可以引導學生發現紫色乘紅色是多少，這就是數棒的乘法。

學具使用

　　古氏數棒

提問順序

提問 1：請問紫色 × 紅色糖果棒的數字是多少？
　　　　答案：$4 \times 2 = 8$

提問 2：請問黃色 × 紫色糖果棒的數字是多少？
　　　　答案：$5 \times 4 = 20$

提問 3：請問白色 × 黑色糖果棒的數字是多少？
　　　　答案：$1 \times 7 = 7$

提問 4：請問淺綠色 × 紫色糖果棒的數字是多少？
　　　　答案：$3 \times 4 = 12$

提問 5：請問深綠色 × 紅色糖果棒的數字是多少？
　　　　答案：$6 \times 2 = 12$

提問 6：請問藍色 × 紅色糖果棒的數字是多少？
　　　　答案：$9 \times 2 = 18$

提問 7：請問紫色 × 紫色糖果棒的數字是多少？
　　　　答案：$4 \times 4 = 16$

提問 8：請問黑色 × 紅色糖果棒的數字是多少？
　　　　答案：$7 \times 2 = 14$

提問 9： 請問黃色 × 深綠色糖果棒的數字是多少？

　　　　答案：$5 \times 6 = 30$

提問 10：請問橘色 × 紅色糖果棒的數字是多少？

　　　　答案：$10 \times 2 = 20$

學習單設計

題號	糖果棒相乘	數字
1	紫色 × 紅色 = 咖啡色	$4 \times 2 = 8$
2	黃色 × 紫色 = 2 個橘色	$5 \times 4 = 20$
3	白色 × 黑色 = 黑色	$1 \times 7 = 7$
4	淺綠色 × 紫色 = 橘色 + 紅色	$3 \times 4 = 12$
5	深綠色 × 紅色 = 橘色 + 紅色	$6 \times 2 = 12$
6	藍色 × 紅色 = 橘色 + 咖啡色	$9 \times 2 = 18$
7	紫色 × 紫色 = 橘色 + 深綠色	$4 \times 4 = 16$
8	黑色 × 紅色 = 橘色 + 紫色	$7 \times 2 = 14$
9	黃色 × 深綠色 = 3 個橘色	$5 \times 6 = 30$
10	橘色 × 紅色 = 2 個橘色	$10 \times 2 = 20$

活動 2　建立乘法與加法的關係：跳數

教學概念

建立乘法的前期認知就是跳數，跳數其實為數數的一種，數數為幼稚園階段的數序概念，如 1、2、3、4……跳數是進階的數數，建立跳數概念需基於累加的概念。例如 2 的跳數概念，一年級學生要能學會 2、4、6、8、10、12……，3 的跳數則為 3、6、9、12……。

學具使用

古氏數棒

提問順序

提問 1：請問 3 的跳數是多少，如從 3、6、9……？

　　　　答案：12、15、18、21、24……

提問 2：請問 5 的跳數是多少，如從 5、10、15、20……？

　　　　答案：25、30、35……

提問 3：請問 6 的跳數是多少，如從 6、12、18……？

　　　　答案：24、30、36……

學習單設計

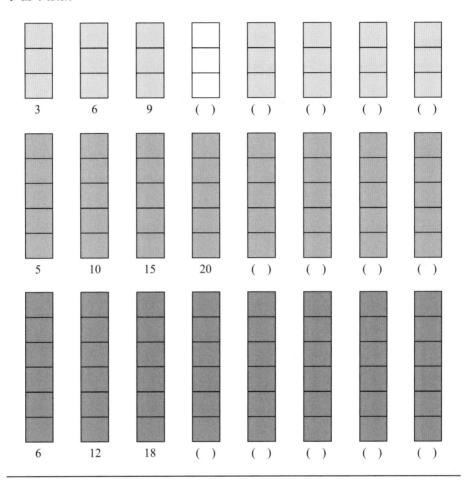

活動 3　建立乘法的數字關係——交換律

教學概念

　　乘法交換律是國小二年級應要學到的數量關係。例如：$6 \times 3 = 3 \times 6 = 18$。但是 6×3 與 3×6 的概念不同在於第一個數字是數量的概念，第二個數字是倍數的概念。

學具使用

　　古氏數棒

提問順序

　　問題：請問 $6 \times 3 = 18$，其中 6 與 3 代表什麼意義呢？

教學說明

提問 1：　請學生拿出 1 個深綠色數棒，如果有 3 個，答案是多少呢？

　　　　　答案：6×3 代表的是 3 個深綠色數棒

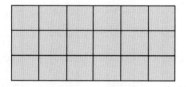

提問 2：　請學生拿出 1 個淺綠色數棒，如果有 6 個，答案是多少呢？

　　　　　答案：3×6 代表的是 6 個淺綠色數棒

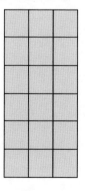

學習單設計

下圖哪一個是 6 × 3，哪一個是 3 × 6 的圖形呢？

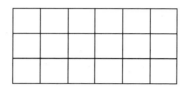

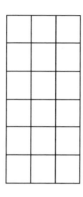

活動 4　建立乘法的數字關係——結合律

教學概念

　　乘法結合律是國小四年級應要學到的三個數字的數量關係。例如：$(6 \times 4) \times 3 = 6 \times (4 \times 3)$。但是 6×4 先做與 4×3 先做的概念不同。

學具使用

　　古氏數棒

提問順序

問題：請問 $6 \times 4 \times 3 = 24 \times 3 = 72$，可用數棒表示嗎？

　　　答案：

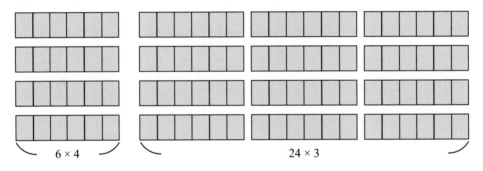

學習單設計

乘法結合律應用問題：

　　小珍買了 6 箱水梨，一箱水梨有 4 盒，一盒水梨有 3 顆，請問小珍共有多少顆水梨？

　　　　至強：我先將小珍買的 6 箱水梨，乘上 4 盒，再乘上 3 顆。

　　　　玲怡：我先將一箱水梨的數量有 4 盒乘 3 顆，再乘 6 箱。

　　　請問哪一個想法代表 $(6 \times 4) \times 3 = ?$

　　　答案：至強

請問哪一個想法代表 $6 \times (4 \times 3) = ?$

答案：玲怡

建立乘法的數字關係──分配律

教學概念

　　使用分配律概念進行九九乘法的學習，相當重要，當二年級學生遇到超過 5 的乘法數字時，可以將較大的數字進行拆解，然後再進行乘法。例如：學生可以將 8×7 拆解成 $8 \times 5 + 8 \times 2 = 40 + 16 = 56$。將 7 拆成 5 與 2，因為 5 與 2 都是較容易的乘法運算概念。

提問順序

問題 1： 請問 $9 \times 8 = ?$ 可以用數棒表示嗎？

　　　　答案：9 是一個藍色數棒，8 代表有 8 個藍色數棒。可以將 8 拆成 $5 + 3$，即 $9 \times 8 = 9 \times 5 + 9 \times 3$，如下圖所示：

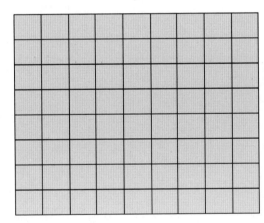

　　　　可拆成：

9

5

3

9

活動 6　建立加法與乘法活動（數字天秤）

教學概念

　　加法與乘法的活動就是二步驟的加乘計算，但是如何形成加乘法的概念，可使用數字天秤來進行。數字天秤就是左右力臂都是 1 到 10 的數字，教師可要求二年級學生左邊放 2 片，右邊放 3 片讓天秤平衡，來形成加法與乘法混和計算的概念。

學具使用

　　數字天秤

提問 1：請問左邊 10 的地方放 3 片砝碼，若右邊放 5 片砝碼，要怎麼放呢？

　　　　方法 1：學生發現左邊的答案是 30，右邊的答案可用 5 片砝碼放在 6 的地方，即可平衡，也就是 $3 \times 10 = 6 \times 5$。

　　　　方法 2：學生也可發現右邊的答案是 $7 \times 4 + 2 = 30$，也就是在 7 的地方放 4 片砝碼，於 2 的地方放 1 片砝碼，也就是乘法與加法的混合計算。

提問 2：請問左邊 10 的地方放 3 片砝碼，若右邊放 7 片砝碼，要怎麼放呢？

　　　　方法 1：學生發現右邊可放 5 片砝碼在 5 的地方，在 3 與 2 的地方各放 1 片砝碼即可平衡，算式即為 $5 \times 5 + 3 + 2 = 30$。

方法 2：學生發現右邊可放 4 片砝碼在 6 的地方，在 2 的地方再放

3 片砝碼即可平衡，算式即為 $6 \times 4 + 2 \times 3 = 30$。

 **活動 7　如何教十十乘法——乘法原理**

教學概念

　　十十乘法表是乘的重要基礎，協助二年級學生了解十十乘法表的概念須先建立數字的架構，也就是對於數字間彼此的關係有深入的了解。

學具使用

　　古氏數棒

提問順序

提問 1：　請問你發現 1 的乘法有什麼特別的地方？

　　　　　答案：1 乘任何數字等於任何數字，例如：$1 \times 8 = 8$。

提問 2：　請問你發現 2 的乘法有什麼特別的地方？

　　　　　答案：2 乘任何數字等於相同的數字加兩次，例如：$8 \times 2 = 8 + 8$。

提問 3：　請問你發現 3 的乘法有什麼特別的地方？

　　　　　答案：3 乘任何數字等於相同的數字乘 2，再加 1 次，例如：$8 \times 3 = 8 \times 2 + 8$。

提問 4：　請問你發現 4 的乘法有什麼特別的地方？

　　　　　答案：4 乘任何數字等於相同的數字乘 2 再乘 2，例如：$8 \times 4 = 8 \times 2 \times 2$。

提問 5：　請問你發現 5 的乘法有什麼特別的地方？

　　　　　答案：5 乘任何數字就是 5、10、15、20……個位數字就是 0 或 5。

　　　　　例如：$8 \times 5 = 40$。因為人有 5 根手指頭，所以 5 的乘法很容易計算，例如一隻手有 5 根手指頭，兩隻手就有 10 根手指頭，依此類推。

提問 6：　請問你發現 6 的乘法有什麼特別的地方？

　　　　　答案：6 乘任何數字可拆解成 5 + 1 的方法，例如：$6 \times 3 = 5 \times 3 + 1 \times 3$。

提問 7：請問你發現 7 的乘法有什麼特別的地方？

　　　　答案：7 乘任何數字可拆解成 5 + 2 的方法，例如：7 × 3 = 5 × 3 + 2 × 3。

提問 8：請問你發現 8 的乘法有什麼特別的地方？

　　　　答案：8 乘任何數字可拆解成 5 + 3 的方法，例如：8 × 3 = 5 × 3 + 3 × 3。

提問 9：請問你發現 9 的乘法有什麼特別的地方？

　　　　答案：9 乘任何數字可拆解成 5 + 4 的方法，例如：9 × 3 = 5 × 3 + 4 × 3。

提問 10：請問你發現 10 的乘法有什麼特別的地方？

　　　　答案：10 乘任何數字直接在個位數字補 0 即可，例如：10 × 3 = 30。

活動 8 如何教九九乘法表——乘法手指

乘法手指使用在大於 5 以上的乘法數字，就是在 6×6、6×7、6×8、6×9、7×7、7×8、7×9、8×8、8×9、9×9 的乘法數字。二年級學生可以使用乘法手指來使用。

乘法手指的使用：以 $6 \times 7 = 42$ 為例。

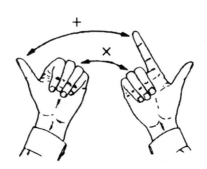

乘法手指

步驟 1： 請拿出兩隻手。

步驟 2： 第一根大拇指站起來代表 6，第二根食指站起來代表 7，第三根中指站起來代表 8，第四根無名指站起來代表 9。

步驟 3： 1 根拇指站起來代表 10，2 根即代表 20……

步驟 4： 例如 6×7，左手 1 根大拇指站起來代表 6，右手大拇指與食指站起來代表 7，共有 3 根拇指站起來代表 30。

步驟 5： 左手彎曲的 4 根手指乘上右手彎曲的 3 根手指，$4 \times 3 = 12$。

步驟 6： $30 + 12 = 42$。所以使用乘法手指可以得出 $6 \times 7 = 42$。

 **活動 9**　乘法神奇表 1

教學概念

　　使用神奇表可以協助二年級學生練習九九乘法表的數字概念，建立學生對於九九乘法的整體架構，學生可以發現九九乘法表具備交換律的特性，即 $5 \times 3 = 3 \times 5$，學生可以應用交換律的性質，更有效率地背誦九九乘法表。

提問順序

提問 1：請問你可以將神奇表的表格填滿嗎？

提問 2：請問你可以發現神奇表都有兩個數字一樣嗎？

　　　　　例如：$5 \times 3 = 3 \times 5$。

學習單：乘法神奇表 1

×	0	1	2	3	4	5	6	7	8	9	10
0											
1											
2											
3											
4											
5											
6											
7											
8											
9											
10											

活動 10　乘法神奇表 2

教學概念

　　二年級學生從神奇表的教學活動，可以發現神奇表的數字關係。由神奇表可在不同的年級學到不同的數字關係。

提問順序

提問 1：請你發現 0 的乘法有什麼特別的地方？

　　　　答案：0 乘任何數都是 0，例如：$0 \times 9 = 0$，$0 \times 10 = 0$。

提問 2：請你發現 1 的乘法有什麼特別的地方？

　　　　答案：1 乘任何數都是任何數，例如：$1 \times 5 = 5$，$1 \times 10 = 10$。

提問 3：請你發現 9 的乘法有什麼特別的地方？

　　　　答案：9 的乘法是 9、18、27、36、45、54、63、72、81。

　　　　1. 從個位數字來看，9、8、7、6、5、4、3、2、1。數字從大到小。

　　　　2. 從十位數字來看，1、2、3、4、5、6、7、8、9。數字從小到大。

　　　　3. 從數字和來看，9 的數字和均是 9，例如：18 的數字和是 $1 + 8 = 9$，27 的數字和是 $2 + 7 = 9$，36 的數字和是 $3 + 6 = 9$，45 的數字和是 $4 + 5 = 9$⋯⋯

提問 4：請你發現 6 的乘法有什麼特別的地方？

　　　　答案：6 的乘法是 6、12、18、24、30、36、42、48、54、60、66、72。6 的數字和為 6、3、9；6、3、9；6、3、9；6、3、9。

提問 5：請你發現 3 的乘法有什麼特別的地方？

　　　　答案：3 的乘法是 3、6、9、12、15、18、21、24、27、30。3 的數字和為 3、6、9；3、6、9；3、6、9。

提問 6：請你發現 5 的乘法有什麼特別的地方？

　　　　答案：5 的乘法是 5、10、15、20、25、30、35、40、45。

　　　　5 的個位數字為 5、0。

學習單：乘法神奇表 2

×	0	1	2	3	4	5	6	7	8	9	10
0	0	0	0	0	0	0	0	0	0	0	0
1	0	1	2	3	4	5	6	7	8	9	10
2	0	2	4	6	8	10	12	14	16	18	20
3	0	3	6	9	12	15	18	21	24	27	30
4	0	4	8	12	16	20	24	28	32	36	40
5	0	5	10	15	20	25	30	35	40	45	50
6	0	6	12	18	24	30	36	42	48	54	60
7	0	7	14	21	28	35	42	49	56	63	70
8	0	8	16	24	32	40	48	56	64	72	80
9	0	9	18	27	36	45	54	63	72	81	90
10	0	10	20	30	40	50	60	70	80	90	100

活動 11 乘法神奇表 3

提問順序

提問 1：請發現對角線 1、4、9、16、25、36、49、64、81 有什麼特別的地方？

　　　　答案：這個數列的數字都是同樣的數字相乘，例如：$1 \times 1 = 1$，$2 \times 2 = 4$，$3 \times 3 = 9$，$4 \times 4 = 16$，可以發現就是正方形面積，可稱為完全平方數。

提問 2：請發現對角線還有什麼特別的地方？

　　　　答案：是對稱軸，可以發現 $2 \times 5 = 5 \times 2$，$8 \times 7 = 7 \times 8$。就是乘法交換律。

提問 3：還可以發現 1、4、9、16、25、36、49、64、81 有什麼特別的地方嗎？

　　　　答案：1 和 4 差 3，4 和 9 差 5，9 和 16 差 7……你可以發現 225 和前一個數字相差多少嗎？

1	4	9	16	25	36	49	64	81			225
0	+3	+5	+7	+9	+11	+13	+15	+17			?

提問 4：請發現 5 這一欄數字有什麼特別的地方？

　　　　答案：

　　　　1. 5 這一欄數字，是每一欄居於最中間位置的數字，也就是中位數。例如：5 是 1、2、3、4、5、6、7、8、9 這一列等差數列最中間的數字。

　　　　2. 5 這一欄數字，是每一欄的平均數。例如：

　　　　　 $1 + 2 + 3 + 4 + 5 + 6 + 7 + 8 + 9 = 45$，$45 \div 9 = 5$。

　　　　3. 5 這一欄數字是最容易背的數字，因為人有 5 根手指頭。

　　　　4. 可使用平均數的方法發現數字和，如 $1 + 2 + 3 + 4 + 5 + 6 + 7 + 8 + 9 = 45$，也等於平均數 5 乘上 9 個數字。

5. 若為 2、4、6、8、10、12、14、16、18，為一公差為 2 的等差
數列。中位數為 10，數字和即為 $10 \times 9 = 90$。

學習單：乘法神奇表 3

×	0	1	2	3	4	5	6	7	8	9
0	0	0	0	0	0	0	0	0	0	0
1	0	1	2	3	4	5	6	7	8	9
2	0	2	4	6	8	10	12	14	16	18
3	0	3	6	9	12	15	18	21	24	27
4	0	4	8	12	16	20	24	28	32	36
5	0	5	10	15	20	25	30	35	40	45
6	0	6	12	18	24	30	36	42	48	54
7	0	7	14	21	28	35	42	49	56	63
8	0	8	16	24	32	40	48	56	64	72
9	0	9	18	27	36	45	54	63	72	81

提問順序

提問 1： 請發現 1 與 2 這兩列有什麼特別的地方？如下表。

1	2	3	4	5	6	7	8	9
2	4	6	8	10	12	14	16	18

答案：可以發現等值分數的關係，例如：$\dfrac{1}{2} = \dfrac{2}{4} = \dfrac{3}{6} = \dfrac{4}{8}$

提問 2： 請發現 123 × 4 在哪裡？

答案：123 即為列 123，4 即為 4 這一欄，123 × 4 = 400 + 80 + 12 = 492。

4	8	12

提問 3： 請發現下表有什麼特別的地方？

16	20	24
20	25	30
24	30	36

答案：25 是中間的數字，將 25 周圍的數字相加，如：

16 + 20 + 24 + 30 + 36 + 30 + 24 + 20 = 200 = 25 × 8。

提問 4： 請問以 25 為中心的正方形數字，還有幾個，總和是多少呢？

答案：還有三個，如 9、12、15、18、21、28、35、42、49、42、35、28、21、18、15、12。總和共有 25 × 16 = 400。再來有 24 個數字，總和為 25 × 24 = 600。最後有 32 個數字，總和為 25 × 32 = 800。

學習單：乘法神奇表 4

×	0	1	2	3	4	5	6	7	8	9
0	0	0	0	0	0	0	0	0	0	0
1	0	1	2	3	4	5	6	7	8	9
2	0	2	4	6	8	10	12	14	16	18
3	0	3	6	9	12	15	18	21	24	27
4	0	4	8	12	16	20	24	28	32	36
5	0	5	10	15	20	25	30	35	40	45
6	0	6	12	18	24	30	36	42	48	54
7	0	7	14	21	28	35	42	49	56	63
8	0	8	16	24	32	40	48	56	64	72
9	0	9	18	27	36	45	54	63	72	81

活動 13　乘法神奇表 5

提問順序

提問 1： 請發現 9、8、7 的個位數字有什麼特別的地方？

　　　　答案：9 的個位數字，如 9、8、7、6、5、4、3、2、1，前一個數字比後一個數字多 1。

　　　　8 的個位數字，如 8、6、4、2、0、8、6、4、2，前一個數字比後一個數多 2。

　　　　7 的個位數字，如 7、4、1、8、5、2、9、6、3，前一個數字比後一個數多 3。

　　　　之後於 6 的個位數字，前一個數字比後一個數多 4。

提問 2： 請發現 7 的乘法數字有什麼特別的地方？

　　　　答案：7 的乘法數字，於個位數每個數字都只出現一次。

　　　　如圖：

7	0	7	14	21	28	35	42	49	56	63

提問 3： 請找出哪些數字有倒三角形的關係？

　　　　答案：如圖，$1 + 3 = 4$，$2 + 6 = 8$，$3 + 9 = 12$，$4 + 12 = 16$。

1	2	3
2	4	6

學習單：乘法神奇表 5

×	0	1	2	3	4	5	6	7	8	9
0	0	0	0	0	0	0	0	0	0	0
1	0	1	2	3	4	5	6	7	8	9
2	0	2	4	6	8	10	12	14	16	18
3	0	3	6	9	12	15	18	21	24	27
4	0	4	8	12	16	20	24	28	32	36
5	0	5	10	15	20	25	30	35	40	45
6	0	6	12	18	24	30	36	42	48	54
7	0	7	14	21	28	35	42	49	56	63
8	0	8	16	24	32	40	48	56	64	72
9	0	9	18	27	36	45	54	63	72	81

活動 14 乘法神奇表 6

提問順序

提問 1： 請找出哪些數字是加法代數關係？

答案：

1.1 這一行的數字加上 2 這一行的數字，就等於 3 這一行的數字。
χ 可為 0 到 9 的數字。也就是 $\chi + 2\chi = 3\chi$。

2.2 這一行的數字加上 3 這一行的數字，就等於 5 這一行的數字。
χ 可為 0 到 9 的數字。也就是 $2\chi + 3\chi = 5\chi$。

3.3 這一行的數字加上 4 這一行的數字，就等於 7 這一行的數字。
χ 可為 0 到 9 的數字。也就是 $3\chi + 4\chi = 7\chi$。

提問 2： 請找出哪些數字是減法代數關係？

答案：

1.2 這一行的數字減掉 1 這一行的數字，就等於 1 這一行的數字。
χ 可為 0 到 9 的數字。也就是 $2\chi - \chi = \chi$。

2.3 這一行的數字減掉 1 這一行的數字，就等於 2 這一行的數字。
χ 可為 0 到 9 的數字。也就是 $3\chi - \chi = 2\chi$。

3.7 這一行的數字減掉 4 這一行的數字，就等於 3 這一行的數字。
χ 可為 0 到 9 的數字。也就是 $7\chi - 4\chi = 3\chi$。

提問 3： 請找出哪些數字是乘法代數關係？

答案：

1.2 這一行的數字乘 3 這一行的數字，就等於 6 這一行的數字。χ
可為 0 到 9 的數字。也就是 $2\chi \times 3\chi = 6\chi$。

2.4 這一行的數字乘 2 這一行的數字，就等於 8 這一行的數字。χ
可為 0 到 9 的數字。也就是 $4\chi \times 2\chi = 8\chi$。

3.5 這一行的數字乘 2 這一行的數字，就等於 10 這一行的數字。χ
可為 0 到 9 的數字。也就是 $5\chi \times 2\chi = 10\chi$。

提問 4： 請找出哪些數字是除法代數關係？

答案：

1. 6 這一行的數字除 3 這一行的數字，就等於 2 這一行的數字。χ 可為 0 到 9 的數字。也就是 $6\chi \div 3\chi = 2\chi$。

2. 10 這一行的數字除 5 這一行的數字，就等於 2 這一行的數字。χ 可為 0 到 9 的數字。也就是 $10\chi \div 5\chi = 2\chi$。

活動 15　破解乘法直式——二位數乘一位數

教學概念

　　三年級學生可建立乘法直式二位數乘一位數的直式概念，可從不同的乘法類型進行，最常見的就是面積模式與群組模式，以下說明。

學具使用

　　古氏數棒

提問 1：請問長為 12 cm，寬為 8 cm 的長方形面積是多少？

　　　　解題策略：

　　　　1. 學生可以使用累加的方法：

　　　　　　$12 + 12 + 12 + 12 + 12 + 12 + 12 + 12 = 96$

　　　　2. 學生可以使用數字拆解的方式：

　　　　　　$12 \times 8 = 12 \times 5 + 12 \times 3 = 60 + 36 = 96$

　　　　3. 乘法直式可以視為：

$$
\begin{array}{r}
12 \\
\times \quad 8 \\
\hline
16 = 8 \times 2 \\
80 = 8 \times 10 \\
\hline
96
\end{array}
\qquad\longrightarrow\qquad
\begin{array}{r}
12 \\
\times \quad 8 \\
\hline
96 = 8 \times 2 + 8 \times 10
\end{array}
$$

面積模式

下圖為長 12 cm，寬 8 cm 的長方形

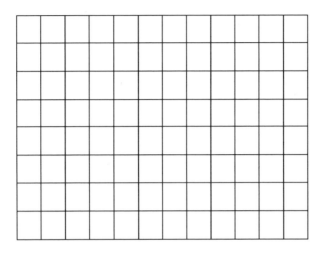

使用古氏數棒進行教學：

請拿出 8 根橘色數棒與 8 根紅色數棒，可發現 12 × 8 的答案為 96。

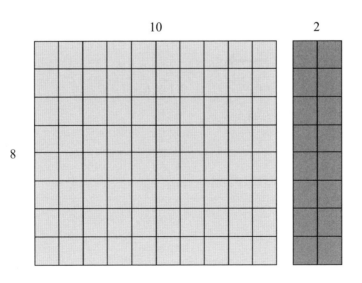

群組模式

曉華有 14 組氣球，一組有 6 個氣球。

提問 1：請問小華共有多少顆氣球？

解題策略：

1. 學生可以使用累加的方法：

$6+6+6+6+6+6+6+6+6+6+6+6+6+6=84$

2. 學生可以使用數字拆解的方式：

$6 \times 14 = 6 \times 10 + 6 \times 4 = 60 + 24 = 84$

3. 乘法直式可以視為：

$$
\begin{array}{r}
14 \\
\times\ \ 6 \\
\hline
24 = 6 \times 4 \\
60 = 6 \times 10 \\
\hline
84
\end{array}
\qquad\Longrightarrow\qquad
\begin{array}{r}
14 \\
\times\ \ 6 \\
\hline
84\ \ = 6 \times 4 + 6 \times 10
\end{array}
$$

活動 16　**破解乘法直式──二位數乘二位數**

教學概念

　　三年級學生可建立乘法直式二位乘二位的直式概念，可從不同的乘法類型進行，最常見的就是面積模式與群組模式，以下說明。

學具使用

　　古氏數棒

提問 1：請問長為 13 cm，寬為 11 cm 的長方形面積是多少？

　　＊解題策略：

　　1. 學生可以使用累加的方法：

　　　　$13 + 13 + 13 + 13 + 13 + 13 + 13 + 13 + 13 + 13 + 13 = 143$

　　2. 學生可以使用數字拆解的方式：

　　　　$13 \times 11 = 13 \times 10 + 13 \times 1 = 130 + 13 = 143$

　　3. 乘法直式可以視為：

$$
\begin{array}{r}
13 \\
\times\ 11 \\
\hline
3 = 1 \times 3 \\
10 = 1 \times 10 \\
30 = 10 \times 3 \\
100 = 10 \times 10 \\
\hline
143
\end{array}
\qquad
\begin{array}{r}
13 \\
\times\ 11 \\
\hline
13 = 1 \times 3 + 1 \times 10 \\
130 = 10 \times 3 + 10 \times 10 \\
\hline
143
\end{array}
$$

面積模式

下圖為長 13 cm，寬 11 cm 的長方形：

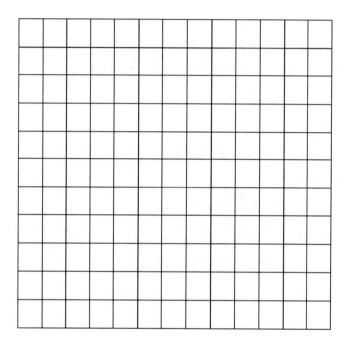

使用古氏數棒進行教學：

請拿出 11 根橘色數棒與 11 根淺綠色數棒，可發現 13 × 11 的答案為 143。

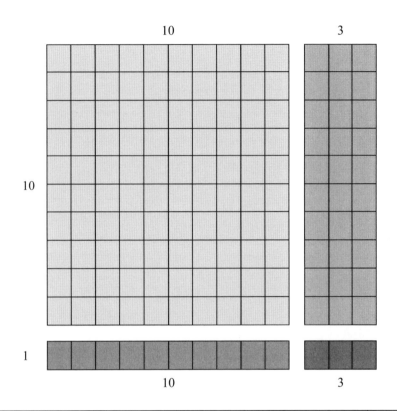

第 6 章

整數除法的教學實務

有鑑於臺灣 108 年提出十二年國民基本教育提升數學素養的重要（教育部，2018），本章整理整數除法的課程標準、相關的文獻與相對應的教學活動。

一、課程標準：NCTM (2000) 與教育部 (2018) 的比較

數與計算	K-2 NCTM	臺灣數學能力指標
理解運算的意義與運算的相互關係	·理解乘法和除法的意義，如乘法為每組數量相同的累加，除法為平均分配的概念。	
能熟練計算與進行合理估算	·能發展並能使用策略來估測非負整數的計算並能判斷結果的合理性。 ·能選擇適當的方法和工具，如從心算、估測、計算機與使用紙筆的方式，來依據使用的情境與計算的本質來選擇。	N-2-9 解題：分裝與平分。以操作活動為主。除法前置經驗。理解分裝與平分之意義與方法。引導學生在解題過程，發現問題和乘法模式的關連。

數與計算	3-5 NCTM	臺灣數學能力指標
理解運算的意義與運算的相互關係	能了解不同意義的乘法與除法概念，能了解非負整數相乘與相除的效用。	N-3-4 除法：除法的意義與應用。基於 N-2-9 之學習，透過幾個一數的解題方法，理解如何用乘法解決除法問題。熟練十十乘法範圍的除法，作為估商的基礎。 N-3-5 除以一位數：除法直式計算。教師用位值的概念說明直式計算的合理性。被除數為二、三位數。 N-3-8 解題：四則估算。具體生活情境。較大位數之估算策略。能用估算檢驗計算結果的合理性。

整數除法的課程標準可分 K-2 與 3-5 兩個年段進行探討。

(一) K-2

NCTM 於整數除法可分二向度，共 3 個指標說明：

1. 理解運算的意義與運算的相互關係

　　a. 理解乘法和除法的意義，如乘法為每組數量相同的累加，除法為平均分配的概念。

於 1-a，指標的重點在於說明除法的意義，於此可看出 NCTM 的標準著重學生對於除法概念的了解。

2. 能熟練計算與進行合理估算

　　a. 能發展並能使用策略來估測非負整數的計算並能判斷結果的合理性。

b. 能選擇適當的方法和工具，如從心算、估測、計算機與使用紙筆的方式，需依據使用的情境與計算的本質來選擇。

於 2-a 與 2-b，NCTM 強調估測來估算除法的結果，還有使用心算、估測、紙筆計算與計算機；但臺灣的指標，重視解題如兩步驟的應用問題，如 N-2-9；於除法部分重視分裝與平分，但未強調估測的重要，直到 N-3-8，三年級才開始著重估算與結果的合理性。

(二) 3-5

1. 理解運算的意義與運算的相互關係

a. 能了解不同意義的乘法與除法概念。

b. 能了解非負整數相乘與相除的效用。

於 1-a 與 1-b，NCTM 仍著重乘法與除法的效用與意義，臺灣指標著重除法的意義與估商的過程，如 N-3-4 與 N-3-8。臺灣的指標著重於除法的計算估算，如直式算則。

綜合來看，臺灣指標著重除法是平分的概念，NCTM 標準重視使用多樣性的策略來計算，而不是限定使用直式算則。於理解運算的意義，臺灣的課程標準要求對於除一位數至多位數的直式計算與較大位數的乘除計算，而美國的標準重視乘法與除法的意義與相互關係，能理解乘法與除法的效用。從兩者的比較來看，美國的課程標準較重視乘法與除法的原理或是與生活結合的重要性，但臺灣的課程標準仍注重以計算為主的教學方式。

二、除法的相關文獻

(一) 初期除法的概念

學童在幼稚園階段，即可有初期的除法概念，他們會發明一些除法的策

略，如一個一個分與一堆一堆分的概念 (Hiebert & Tonnesesn, 1978)。

1. 一個一個分

   這個策略就是一個一個平均分配的概念。如要解決一個除法問題，如 6 瓶養樂多，平分給 3 個小朋友。學童會先將 6 瓶養樂多先數一遍，再將每一瓶分給 3 個人，依序分完，再數每個人有多少瓶養樂多。這個歷程就是平分的概念。

2. 一堆一堆分

   當要分的物品較多時，如 12 瓶養樂多要平分給 3 位小朋友，學生會產生較快速的方法，如一次分 2 瓶養樂多給同一位小朋友，依序分完。當學童從 1 瓶進階到 2 瓶的概念時，就是有一堆一堆分的概念。也就是包含的概念。

除法類型

除法可分為等分除與包含除兩種類型。

1. 等分除的部分著重於多少的分量，而包含除著重可分的組別。等分除的題目如：小華有 9 個彈珠，要平分給 3 個人，每人可分幾個？題意的重點在於每人可分得多少？

2. 包含除的題目如：小華有 9 個彈珠，若每人要有 3 個彈珠，可分給幾個人？在幼稚園的學生能用平分的方式解決等分除的題目，例如：先 1 個 1 個分，等到分完了，再數每個人有幾個彈珠。但是，包含除的部分是當學生先理解等分除的意義後，才能進一步理解。

除法的題型（非互相交換的情況）（謝如山、潘鳳琴，2014，p84）

題型	結果未知 $a \div b = ?$	除數未知 $a \div ? = b$	被除數未知（與乘法連結）$? \div a = b$
等分除	小華有 12 顆蘋果，平分給 3 個人，每人可得幾顆？	小華有 12 顆蘋果，已知分給一些人，每人分得 4 顆蘋果，請問他分給多少人？	小華有一些蘋果，他平分給 3 個人，每人得 4 顆蘋果，小華原有幾顆蘋果？
包含除	小華有 12 顆蘋果，每人分了 4 顆蘋果，可分給多少人？	小華有 12 顆蘋果，每人分一些，可分給 3 個人，問一個人可分多少顆？	小華有一些蘋果，每個人均得 4 顆，可分給 3 個人，小華原有幾顆蘋果？

除法的題型（互相交換的情況）

題型	結果未知 $a \div b = ?$	被除數未知（與乘法連結） $? \div a = b$
組合型	小華的餐廳有三種果汁，如柳橙汁、檸檬汁與芒果汁等。他提供中、西兩種套餐，每種套餐只配一種果汁。請問小華的套餐有幾種配法？	小華的餐廳有數種果汁，如柳橙汁、檸檬汁等。他提供中、西兩種套餐，每種套餐只配一種果汁。已知有六種配法，請問小華的餐廳提供幾種果汁？
面積	小華有一塊長方形田地，面積為 24 平方公尺，已知長 4 公尺，問寬多少公尺？	小華有一塊長方形田地，已知長 4 公尺，寬 6 公尺，面積有多少平方公尺？

(二) 除法的學習

　　國內學者於除法概念的學習，提出學童容易產生許多錯誤的概念（王昭惠，2015；張學禮，2015；陳瀅如，2011；曾子瑛，2018；黃堂瑋，2011；楊淑華，2013）。

　　王昭惠 (2015) 在國小三年級學童正整數除法概念之試題分析，提到學童容易產生的迷思概念包括：

1. 混淆單位量與單位數。
2. 混淆商數與積數的意義以及商數與餘數的意義。
3. 出現除數小於餘數的情形。
4. 以關鍵字解題。
5. 暗隱模式上的錯誤。
6. 認為只要有餘數，商數則需加 1。
7. 不熟練乘法事實而估商錯誤。
8. 無法掌握被除數的意義。
9. 在二步驟問題中，以一步驟解題。
10. 在等分除中，不清楚減數代表的意思。

　　曾子瑛 (2018) 以故事融入國小三年級除法概念教學，研究結果顯示，故事融入除法概念教學能引起學童的學習興趣，並增加師生對話的機會，透過對話，教師可清楚了解學生學習除法概念的情況。此外，學童之間亦可透過學習單的討論與分享，相互學習思考與解題方式。

　　張學禮 (2015) 在國小四年級學童之正整數乘除法概念問題，分析正整數乘除法問題的解題歷程，研究結果發現國小四年級學童在正整數乘除法問題，解題錯誤策略類型共有十種類型：如忽略問題部分資訊、任意的運算、誤解題意、計算錯誤、等分除問題與包含除問題的混淆，單位數、單位量與總量的混淆，被除數、除數、商與餘數的混淆，以及未計算完成、僅列式未計算、空白等。

　　冷月琴 (2012) 在除法解題與錯誤類型之結果發現，常犯的錯誤分別為誤用資料的錯誤、關鍵字判斷所產生的錯誤、除法算式表徵上的錯誤、分不清單位數與單位量、位值概念不清以致估商錯誤、餘數意涵概念不清、記憶相對位置的驗算、不了解驗算的算式意涵。

　　楊淑華 (2013) 在國小三年級學童除法解題策略與錯誤類型研究發現類似的結果，若學童缺乏平分概念、對除法概念不理解、已知條件與解題目標無法整合、以關鍵字解題的錯誤、位值概念不清導致估商錯誤、缺乏序對和

比較量與基本量的概念、圖像表徵的錯誤、缺乏檢查答案正確性與合理性的習慣、概念性知識與程序性知識無法連結，以及加、減、乘法運算計算的錯誤等。

黃堂瑋 (2011) 探討四位國小三年級學童在除法概念之迷思，研究結果發現有三：

1. 關於三年級除法相關概念的學習，研究對象對平分概念不夠清楚，容易混淆單位量與單位數，對了解題意、擬定計畫、執行計畫的能力不足，因而解題失敗。
2. 遊戲式除法補救教學中的分組競賽方式、配合具體物的操作與小組合作討論，引入解題策略，有助於研究對象建構除法相關概念，並引發學童的學習興趣。
3. 透過遊戲式教學活動，研究對象能建立除法基本概念，並能解決變化題型計算時因位值、位名及估商所造成的錯誤，能理解文字題的題意，正確執行計畫並檢視答案。

陳瀅如 (2011) 發現學童在乘除法的概念不夠穩固，導致他們習慣數字的直觀想法及依賴計算來求解。在接近情境生活的布題，配合多元的教學策略，加上具體物的操作及動畫的輔助，有助於個案學童連結生活經驗，提升乘除法的相關能力。透過情境式教學活動，能協助學童建立乘除法的基本概念，位值及餘數問題所造成的錯誤明顯減少，對文字題的題意更容易理解，答題正確性有明顯的提升。

綜上所述，學童於除法的學習產生很多的學習困難，如何使用具體物，於教學情境設計有趣、有意義的活動，理解除法的運算過程，是教師需努力的方向。

三、除法的教學

以下對除法教學活動的階層與除法的教學活動分別說明。

(一) 除法教學活動的階層

幼稚園

活動 1：建立除法前期概念——分錢幣

三年級

活動 2：建立 1 到 12 的除法概念

活動 3：建立十進位的除法概念

活動 4：建立除法等分除概念

活動 5：建立除法包含除概念

活動 6：除法與減法關係

活動 7：乘法與除法關係

活動 8：除法的數字拆解

活動 9：如何教除法直式

活動 10：為什麼不能除以 0

活動 11：破解除法直式——二位除一位

活動 12：除法的估商策略

四年級

活動 13：數字的除法規律

活動 14：破解蟲蛀法問題

(二) 除法的教學活動

以下列舉除法的 14 個教學活動。

活動 1 是建立除法前期概念，平分的概念於幼稚園中班至大班即可進行操作，學生可使用錢幣平分給 3 位同學，學會平分的基礎概念。

活動 2 是建立 1 到 12 的除法概念，本活動為學生有 12 枚硬幣，平分給從 1 位同學到 12 位同學，過程中會產生整除與餘數概念。

　　活動 3 為建立十進位的除法概念，學生可使用錢幣與紙鈔，建立相互的除法關係。

　　活動 4 為建立除法等分除概念，本活動有三種題型，分別為商數未知、除數未知與被除數未知等，協助學生理解等分除問題。

　　活動 5 為建立除法包含除概念，本活動亦有三種題型，分別為商數未知、除數未知與被除數未知等，協助學生理解包含除問題。

　　活動 6 為除法與減法關係，除法為減法的累減關係。本活動協助三年級學童使用具體物來理解除法與減法的關連。

　　活動 7 為乘法與除法關係，乘法與除法為互逆關係。本活動協助三年級學童使用具體物來理解乘法與除法的相反關係。

　　活動 8 為除法的數字拆解，可協助三年級學生解決多位數的除法問題。

　　活動 9 為如何教除法直式，可協助三年級學生解決除法直式的問題。

　　活動 10 為什麼不能除以 0，這是很多國小三年級學生無法理解的迷思，本活動協助學生證明此問題。

　　活動 11 破解除法直式──二位除一位，本活動使用概念理解的方式，協助三年級學生理解每一個除法直式過程。

　　活動 12 除法的估商策略，估商為除法直式重要的策略，本活動詳細說明如何估商的方式。

　　活動 13 數字的除法規律，本活動歸納 2 到 13 的除法規律。

　　活動 14 破解蟲蛀法問題，本活動協助學生進行蟲蛀法問題的解題策略。

活動 1　建立除法前期概念——分錢幣

教學概念

除法的概念在幼稚園大班即已建立，也就是在 6 歲階段。學童需要能學會分東西，分東西可以分為平分與不平分兩種。當學生要學會平分，就是要能學會什麼是不平分的情況。而錢幣是學生最喜歡的教具，用錢幣分給同學，能學會除法平分的概念。

學具使用

1 元錢幣

提問順序

提問 1： 請問你有 12 元，要分給 3 位同學，你會怎麼分呢？

答案：

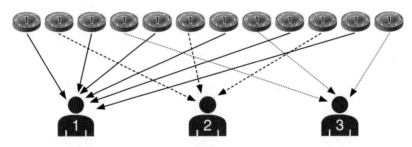

如上圖所示，第 1 位同學得到 6 元，第 2 位與第 3 位同學各得到 3 元，並沒有平分。

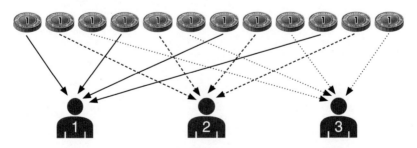

如上圖所示，每位同學都可以得到 4 元，所以為平分的情況。

活動 2　建立 1 到 12 的除法概念

教學概念

　　學習除法最容易的方式就是使用 12 個 1 元錢幣，從平分給 1 個人一直平分到 12 個人，可以同時學習整除與有餘數的除法概念。而三年級學生需從分錢幣的過程，學習到除法概念。當學生將 1 到 12 的硬幣都分完後，即會產生整除與有餘數的觀念，進行除法直式也會相對容易。

教學用具

　　1 元錢幣、古氏數棒

提問順序

提問 1：用 12 元分給 1 位同學，這位同學會分到幾元呢？

　　　　答案：將 12 元錢幣全部只分成 1 份，這位同學會分到 12 元。

　　　　算式為 $12 \div 1 = 12$

提問 2：用 12 元平分給 2 位同學，每位同學會分到幾元呢？會剩下嗎？

　　　　答案：將 12 元錢幣全部平分成 2 份，一位同學分到 6 元。沒有剩下。

　　　　算式為 $12 \div 2 = 6$

提問 3：用 12 元平分給 3 位同學，每位同學會分到幾元呢？會剩下嗎？

　　　　答案：將 12 元錢幣全部平分成 3 份，一位同學分到 4 元。沒有剩下。

　　　　算式為 $12 \div 3 = 4$

提問 4：用 12 元平分給 4 位同學，每位同學會分到幾元呢？會剩下嗎？

　　　　答案：將 12 元錢幣全部平分成 4 份，一位同學分到 3 元。沒有剩下。

　　　　算式為 $12 \div 4 = 3$

提問 5： 用 12 元平分給 5 位同學，每位同學會分到幾元呢？會剩下嗎？

答案：將 12 元錢幣全部平分成 5 份，一位同學分到 2 元。剩下 2 元。

算式為 $12 \div 5 = 2 \cdots 2$

提問 6： 用 12 元平分給 6 位同學，每位同學會分到幾元呢？會剩下嗎？

答案：將 12 元錢幣全部平分成 6 份，一位同學分到 2 元。沒有剩下。

算式為 $12 \div 6 = 2$

提問 7： 用 12 元平分給 7 位同學，每位同學會分到幾元呢？會剩下嗎？

答案：將 12 元錢幣全部平分成 7 份，一位同學分到 1 元。剩下 5 元。

算式為 $12 \div 7 = 1 \cdots 5$

提問 8： 用 12 元平分給 8 位同學，每位同學會分到幾元呢？會剩下嗎？

答案：將 12 元錢幣全部平分成 8 份，一位同學分到 1 元。剩下 4 元。

算式為 $12 \div 8 = 1 \cdots 4$

提問 9： 用 12 元平分給 9 位同學，每位同學會分到幾元呢？會剩下嗎？

答案：將 12 元錢幣全部平分成 9 份，一位同學分到 1 元。剩下 3 元。

算式為 $12 \div 9 = 1 \cdots 3$

提問 10：用 12 元平分給 10 位同學，每位同學會分到幾元呢？會剩下嗎？

答案：將 12 元錢幣全部平分成 10 份，一位同學分到 1 元。剩下 2 元。

算式為 $12 \div 10 = 1 \cdots 2$

提問 11：用 12 元平分給 11 位同學，每位同學會分到幾元呢？會剩下嗎？

答案：將 12 元錢幣全部平分成 11 份，一位同學分到 1 元。剩下 1 元。

算式為 $12 \div 11 = 1 \cdots 1$

提問 12：用 12 元平分給 12 位同學，每位同學會分到幾元呢？會剩下嗎？

答案：將 12 元錢幣全部平分成 12 份，一位同學分到 1 元。沒有剩下。

算式為 $12 \div 12 = 1$

活動 3　建立十進位的除法概念

教學概念

　　十進位的除法概念，看似容易，因為缺乏錢幣與紙鈔，而在除法心算的建立，則有實際的需要。例如：學生需建立 $100 \div 10 = 10$，$1000 \div 10 = 100$ 等學習概念，使用錢幣是最好的方式，也是最容易的方法。

教學用具

　　1 元、5 元、10 元、50 元錢幣，及 100 元、500 元、1000 元紙鈔

提問順序

提問 1：請問 10 元硬幣有幾個 1 元？
　　　　答案：$10 \div 1 = 10$，10 元有 10 個 1 元。

提問 2：請問 10 元硬幣有幾個 5 元？
　　　　答案：$10 \div 5 = 2$，10 元有 2 個 5 元。

提問 3：請問 50 元硬幣有幾個 10 元？
　　　　答案：$50 \div 10 = 5$，50 元有 5 個 10 元。

提問 4：請問 50 元硬幣有幾個 5 元？
　　　　答案：$50 \div 5 = 10$，50 元有 10 個 5 元。

提問 5：請問 50 元硬幣有幾個 1 元？
　　　　答案：$50 \div 1 = 50$，50 元有 50 個 1 元。

提問 6：請問 100 元紙鈔有幾個 50 元？
　　　　答案：$100 \div 50 = 2$，100 元有 2 個 50 元。

提問 7：請問 100 元紙鈔有幾個 5 元？
　　　　答案：$100 \div 5 = 20$，100 元有 20 個 5 元。

提問 8：請問 100 元紙鈔有幾個 10 元？
　　　　答案：$100 \div 10 = 10$，100 元有 10 個 10 元。

提問 9：請問 100 元紙鈔有幾個 1 元？
　　　　答案：$100 \div 1 = 100$，100 元有 100 個 1 元。

提問 10：請問 500 元紙鈔有幾張 100 元？

　　　　答案：$500 \div 100 = 5$，500 元有 5 張 100 元。

提問 11：請問 500 元紙鈔有幾個 10 元？

　　　　答案：$500 \div 10 = 50$，500 元有 50 個 10 元。

提問 12：請問 500 元紙鈔有幾個 50 元？

　　　　答案：$500 \div 50 = 10$，500 元有 10 個 50 元。

提問 13：請問 500 元紙鈔有幾個 5 元？

　　　　答案：$500 \div 5 = 100$，500 元有 100 個 5 元。

提問 14：請問 1000 元紙鈔有幾張 500 元？

　　　　答案：$1000 \div 500 = 2$，1000 元有 2 張 500 元。

提問 15：請問 1000 元紙鈔有幾個 50 元？

　　　　答案：$1000 \div 50 = 20$，1000 元有 20 個 50 元。

提問 16：請問 1000 元紙鈔有幾個 5 元？

　　　　答案：$1000 \div 5 = 200$，1000 元有 200 個 5 元。

提問 17：請問 1000 元紙鈔有幾張 100 元？

　　　　答案：$1000 \div 100 = 10$，1000 元有 10 張 100 元。

提問 18：請問 1000 元紙鈔有幾個 10 元？

　　　　答案：$1000 \div 10 = 100$，1000 元有 100 個 10 元。

提問 19：請問 10000 元有幾張 1000 元？

　　　　答案：$10000 \div 1000 = 10$，10000 元有 10 張 1000 元。

提問 20：請問 10000 元有幾張 100 元？

　　　　答案：$10000 \div 100 = 100$，10000 元有 100 張 100 元。

提問 21：請問 10000 元有幾個 10 元？

　　　　答案：$10000 \div 10 = 1000$，10000 元有 1000 個 10 元。

提問 22：請問 10000 元有幾張 500 元？

　　　　答案：$10000 \div 500 = 20$，10000 元有 20 張 500 元。

提問 23：請問 10000 元有幾個 50 元？

　　　　答案：$10000 \div 50 = 200$，10000 元有 200 個 50 元。

提問 24：請問 10000 元有幾個 5 元？

　　　　答案：10000 ÷ 5 = 2000，10000 元有 2000 個 5 元。

提問 25：請問 100000 元有幾個 10000 元？

　　　　答案：100000 ÷ 10000 = 10，100000 元有 10 個 10000 元。

提問 26：請問 100000 元有幾張 1000 元？

　　　　答案：100000 ÷ 1000 = 100，100000 元有 100 張 1000 元。

提問 27：請問 100000 元有幾張 100 元？

　　　　答案：100000 ÷ 100 = 1000，100000 元有 1000 張 100 元。

提問 28：請問 100000 元有幾個 50000 元？

　　　　答案：100000 ÷ 50000 = 2，100000 元有 2 個 50000 元。

提問 29：請問 100000 元有幾個 5000 元？

　　　　答案：100000 ÷ 5000 = 20，100000 元有 20 個 5000 元。

提問 30：請問 100000 元有幾張 500 元？

　　　　答案：100000 ÷ 500 = 200，100000 元有 200 張 500 元。

活動 4 ⟩ 建立除法等分除概念

教學概念

　　除法題型有兩種，一為等分除，另一為包含除。等分除就是平分概念，又可以分為三種子題型，一為商數未知，二為除數未知，三為被除數未知的題型。

學具使用

　　1 元錢幣

提問順序

1. 商數未知

　　提問：小銘有 15 元，平分給 3 位同學，每位同學會分到幾元？

　　答案：15 ÷ 3 = □

　　使用一個一個分，將 15 元平分給 3 個人，每個人可分 5 元。

2. 除數未知

　　提問：小銘有 15 元，平分給一些同學，每位同學分到 5 元，請問他分給多少同學？

　　答案：15 ÷ □ = 5

　　使用一個一個分，將 15 元每 5 元分給 1 個人，看看可以分給多少人？

3. 被除數未知

　　提問：小銘有一些錢，平分給 3 位同學，每位同學分到 5 元，請問他原來有多少錢？

　　答案：□ ÷ 3 = 5

　　使用乘法，每位同學分得 5 元，有 3 人，將 3 × 5 = 15，原來有 15元。

活動 5　建立除法包含除概念

教學概念

　　包含除就是一堆先分給一個人，能分給多少人的概念，也可以分為三種子題型，一為商數未知，二為除數未知，三為被除數未知的題型。

學具使用

　　1 元錢幣

提問順序

1. 商數未知

　　提問：小銘有 15 元，每 3 元分給 1 位同學，可以分給幾位同學？

　　答案：15 ÷ 3 = □

　　1 個人一次分 3 元，有 15 元，可分給 5 個人。

2. 除數未知

　　提問：小銘有 15 元，每個人分了一些錢，而且都分得一樣多，可分給 5 位同學，請問 1 位同學分了多少錢？

　　答案：15 ÷ □ = 5

　　使用一個一個分，將 15 元平分給 5 個人，每人可分得 3 元。

3. 被除數未知

　　提問：小銘有一些錢，每位同學分到 5 元，可分給 3 位同學，請問他原來有幾元？

　　答案：□ ÷ 3 = 5

　　使用乘法，每位同學分得 5 元，有 3 人，將 3 × 5 = 15，原來有 15 元。

活動 6　除法與減法關係

教學概念

　　除法與減法有緊密的關係，在於除法是減法的累積，所以是一個數字，一直減到沒有的策略。例如：15 ÷ 3，就是 15 元，每一個人分 3 元，如果一直分到沒有錢剩下，可以分給多少人？分給第 1 個人，還剩下 12 元，就是 15 – 3 = 12，分給第 2 個人，還剩下 9 元，就是 12 – 3 = 9，分給第 3 個人，還剩下 6 元，也就是 9 – 3 = 6，分給第 4 個人，還剩下 3 元，就是 6 – 3 = 3，最後剩下 3 元，可以再分給第 5 個人，就是 3 – 3 = 0。

學具使用

　　1 元錢幣，古氏數棒

提問：曉華有 12 元，平分給 4 位同學，請問每位同學可以分多少元？

第 1 次分 4 位同學	第 2 次分 4 位同學	第 3 次分 4 位同學
12 – 4 = 8	8 – 4 = 4	4 – 4 = 0

每位同學都分 3 次，所以每人得到 3 元。

除法算式為 12 ÷ 4 = 3

 **活動 7** 乘法與除法關係

教學概念

　　乘法與除法有互逆的關係，三年級學生不太了解互逆，但是可用相反的方式介紹互逆關係。例如：$12 \div 6 = 2$，$2 \times 6 = 12$。要如何協助學生理解乘法與除法是相反的關係，才可以對除法概念有深入的了解。

學具使用

　　1 元錢幣，古氏數棒

提問 1：可以用 18、6、3 等 3 個數字，找出□是乘法還是除法嗎？

　　　　1. 18　□　3　=　6

　　　　2. 18　□　6　=　3

　　　　3. 6　□　3　=　18

　　　　答案：18　÷　3　=　6

　　　　　　　18　÷　6　=　3

　　　　　　　　6　×　3　=　18

提問 2：可以從算式 1、2、3 各想出一個應用題嗎？

　　　　答案：

　　　　1. 18　÷　3　=　□

　　　　　　關銘有 18 元，平分給 3 位同學，每位同學可分多少元？

　　　　2. 18　÷　6　=　□

　　　　　　立名有 18 元，平分給 6 位同學，每位同學可分多少元？

　　　　3. 6　×　3　=　□

　　　　　　仁華班上有 6 位同學，每位都有 3 枝鉛筆，共有多少枝鉛筆？

活動 8　除法的數字拆解

教學概念

　　除法的數字拆解，可以協助學生處理多位數的除法概念，例如 456 ÷ 3。學生可以將 456 拆解成 400 + 50 + 6，再分別除 3。如 400 ÷ 3 + 50 ÷ 3 + 6 ÷ 3 = ？

學具使用

　　百元紙鈔，10 元、5 元與 1 元錢幣，古氏數棒

提問 1：請問 432 ÷ 4 = □

　　答案：432 元平分給 4 個人，要如何分呢？學生可拿出 4 張百元鈔，3 個 10 元硬幣與 2 個 1 元硬幣。

　　步驟 1：先將 4 張百元鈔平分給 4 人，一人可獲得 1 張百元鈔。如 400 ÷ 4 = 100。

　　　1 人　　　　　2 人　　　　　3 人　　　　　4 人

（圖片來源：維基百科）

　　步驟 2：先將 3 個 10 元硬幣，換成 6 個 5 元硬幣，這時將 5 元硬幣平分給 4 個人，每人獲得 1 個 5 元硬幣，還剩下 2 個 5 元硬幣，如 20 ÷ 4 = 5。

　　步驟 3：先將剩下的 2 個 5 元硬幣，換成 10 個 1 元，加上剩下的 2 元，共有 12 個 1 元硬幣，平分給 4 個人，每人獲得 3 個 1 元硬幣。如 12 ÷ 4 = 3。

1　2　3　4　1　2　3　4　1　2　　　3　4

步驟 4：將第一次所分的 100 元，加上第二次分的 5 元，再加上最後一次分的 3 元，每人共分得 108 元。算式如 100 + 5 + 3 = 108。

教學概念

　　除法直式的每一個教學步驟，都是源自於除法的數字拆解而來，當學生操作完百位數的數字拆解，了解每一個數字的意義後，即學會除法直式。

學具使用

　　百元紙鈔，10 元、5 元與 1 元錢幣，古氏數棒

提問：請問除法直式，每一個數字所代表的意義為何？

例如：

8	第一次分完剩下 32 元，再平分 4 個人，每人分 8 元	
100	先將 400 元平分給 4 人，每人分 100 元	
4)432	原來有 432 元	
400	每人分 100 元，有 4 人，共分了 400 元	（步驟 1）
32	432 元減掉分掉的 400 元，剩下 32 元	
32	平分給 4 人，每人分得 8 元	（步驟 2）
0	剩下 0 元	（步驟 3）

除法操作說明

　　第 8 個活動除法數字拆解的過程很重要，在於讓學生了解除法直式的每一個數字的意義。

步驟 1：請學生先將 432 元拿出，之後將 4 張百元鈔平分給 4 人，每人分 100元，即 1 張百元鈔，這個操作過程，就是除法直式的記錄過程。

步驟 2：當 400 元分出後，432 元減 400 元，就剩下 32 元，之後請學生再將剩下的 32 元分給 4 人，學生需將 32 元，換成可平分給 4 個人的錢幣，所以每個人分到 8 元。

步驟 3：當剩下的 32 元，也分出去 32 元時，就剩下 0 元，而學生所分到的錢就是 100 + 8 = 108 元。

活動 10　為什麼不能除以 0

教學概念

　　除法的除數不能為 0，這是為什麼呢？通常都是用背的，於此應該要說明清楚。四年級學生可以發現被除數可以為 0，表示被除數為 0 是合理的。以下用情境來說明。

教學用具

　　百元紙鈔，10 元、5 元與 1 元錢幣，古氏數棒

提問 1：　除法的除數為什麼不能為 0？

　　　　　除法不能除 0，學童會問為什麼？有兩種說明方式。

說明 1：　從生活情境說明

　　　　　教師有 6 本書，平分給 0 位學生？要怎麼分呢？沒有學生，當然沒有辦法進行分書的動作，所以不能除 0。

說明 2：　從數學算式證明

　　　　　$6 \div 0 = a$，所以 $a \times 0 = 6$，然而沒有任何數字乘 0 為 6，所以 a 不存在。

提問 2：　被除數可以為 0 嗎？

說明 1：　從生活情境說明

　　　　　仁麗沒有買任何水果，但要分給 5 位同學，請問每位同學可以分到多少水果？

　　　　　答案：0 個水果。因為本來就沒有水果，所以 5 位同學，沒有同學會拿到水果。

說明 2：　從數學算式證明

　　　　　$0 \div 5 = 0$，所以 $0 \times 5 = 0$，從數學算式的證明來看，也是 0。

活動 11　破解除法直式——二位除一位

教學概念

除法直式是學生學習的關鍵，在於除法直式可以快速地解題，但是除法直式難以讓學生理解，學生需理解除法直式的每一個步驟。以下用簡單的方式來介紹。

二位除一位的除法直式：

以下以 $22 \div 4 = ?$ 舉例說明。

步驟 1：22 可以看成是 22 元，先分給 4 個同學，商數的 1 代表的是每人先分 1 元。

$$
\begin{array}{r}
1 \\
4{\overline{\smash{\big)}\,22}} \\
4
\end{array}
$$

每人先分 1 元
原來有 22 元
第 1 次分了 4 元

步驟 2：

$$
\begin{array}{r}
1 \\
1 \\
4{\overline{\smash{\big)}\,22}} \\
\underline{4} \\
18 \\
4
\end{array}
$$

每人第 2 次再分 1 元
每人先分 1 元
原來有 22 元
第 1 次分了 4 元
剩下 18 元，可以再分一次，可再分 4 元
第 2 次也分了 4 元

步驟 3：

$$
\begin{array}{r}
1 \\
1 \\
1 \\
4{\overline{\smash{\big)}\,22}} \\
\underline{4} \\
18 \\
\underline{4} \\
14 \\
4
\end{array}
$$

每人第 3 次再分 1 元
每人第 2 次再分 1 元
每人先分 1 元
原來有 22 元
第 1 次分了 4 元
剩下 18 元，可以再分一次，可再分 4 元
第 2 次也分了 4 元
還剩下 14 元
第 3 次也分了 4 元

步驟 4：

```
       1      每人第 4 次再分 1 元
       1      每人第 3 次再分 1 元
       1      每人第 2 次再分 1 元
       1      每人先分 1 元
   4)  22     原來有 22 元
       4      第 1 次分了 4 元
      18      剩下 18 元，可以再分一次，可再分 4 元
       4      第 2 次也分了 4 元
      14      還剩下 14 元
       4      第 3 次也分了 4 元
      10      還剩下 10 元，可以再分一次，可再分 4 元
       4      第 4 次也分了 4 元
```

步驟 5：

```
       1      每人第 5 次再分 1 元
       1      每人第 4 次再分 1 元
       1      每人第 3 次再分 1 元
       1      每人第 2 次再分 1 元
       1      每人先分 1 元
   4)  22     原來有 22 元
       4      第 1 次分了 4 元
      18      剩下 18 元，可以再分一次，可再分 4 元
       4      第 2 次也分了 4 元
      14      還剩下 14 元
       4      第 3 次也分了 4 元
      10      還剩下 10 元，可以再分一次，可再分 4 元
       4      第 4 次也分了 4 元
       6      還剩下 6 元，可以再分一次，可再分 4 元
       4      第 5 次也分了 4 元
       2      剩下 2 元，沒有辦法再分 4 元，剩下 2 元
```

　　從上面 5 個步驟，可以發現 22 元，可以一次一次分，每次分 1 元，共分 5 次，也就是每人分得 5 元，剩下 2 元。但是上面的 5 個除法直式步驟，過於繁瑣，如何用估商的方法，得到更快速的解決方法，才能有效地解決除法直式問題。

活動 12　除法的估商策略

教學概念

估商的技巧是除法直式重要的學習過程，以下有 3 種估商策略，分別說明。

估商策略 1：數字太少

```
        4      每人可先分 4 元
  4) 22       原來有 22 元
     16       共分了 16 元
      6       剩下 6 元，所剩數字大於 4，所以可再分 4 元
```

估商策略 2：數字太大

```
        6      每人可先分 6 元
  4) 22       原來有 22 元
     24       需共分 24 元，只有 22 元，無法分 24 元
               因為無法分 24 元，所以每人不能分 6 元
```

估商策略 3：數字剛好

```
        5      每人可先分 5 元
  4) 22       原來有 22 元
     20       需共分 20 元
      2       剩下 2 元
```

經過估商策略 1 與策略 2，可以發現估商策略 3 的數字剛好，即餘數 < 4。所以要產生正確的商數 5，學生需進行策略 1 與策略 2 的嘗試。

活動 13　數字的除法規律

教學概念

　　10 以內的除法規律，要對數字進行觀察，而不是背誦這些規律。以下從 2 到 11 的數字規律進行歸納。

提問順序

提問 1：什麼數可以被 2 整除？

　　　　答案：要找到任何數字都可被 2 整除，其特性即為偶數，只要是偶數，就可以被 2 整除，如 2、4、6、8。

提問 2：什麼數可以被 3 整除？

　　　　答案：要找到任何數字都可被 3 整除，可發現只要數字相加總和可被 3 整除，即可被 3 整除，例如 123，只要將 $1 + 2 + 3 = 6$，即可發現 123 可被 3 整除。

提問 3：什麼數可以被 4 整除？

　　　　答案：要找到任何數字可被 4 整除，因所有 100 的倍數都可被 4 整除，所以只要確認十位與個位的數字，能否被 4 整除即可。如 134，只需確認 34 能否被 4 整除，不需考量 100；因 34 無法被 4 整除，所以 134 無法被 4 整除。再如 2345，僅需確認 45 能否被 4 整除，不需考慮 2300；因 45 無法被 4 整除，所以 2345 也無法被 4 整除。

提問 4：什麼數可以被 5 整除？

　　　　答案：要找到任何數字可被 5 整除，僅需確認個位數字，是 0 或 5。如 2335 即可被 5 整除，因個位數為 5；再如，13232 無法被 5 整除，因個位數字為 2。

提問 5：什麼數可以被 6 整除？

　　　　答案：要找到任何數字可被 6 整除，需同時滿足其數字為偶數及其數字和能被 3 整除的條件。例如 156，是偶數，以及其數字和為

12，故 156 可被 6 整除。

提問 6： 什麼數可以被 7 整除？

答案：

方法 1：要找到任何數字可被 7 整除，用 7 當除數時，被 10 除餘 3，被 10^2 除餘 2，被 10^3 除餘 6，被 10^4 除餘 4，被 10^5 除餘 5，被 10^6 除餘 1，被 10^7 除餘 3，被 10^8 除餘 2，被 10^9 除餘 6。若數字為 123456，僅需將餘數相加，$1 \times 5 + 2 \times 4 + 3 \times 6 + 4 \times 2 + 5 \times 3 + 6 = 60$，即知不會被 7 整除。

方法 2：若一個整數的個位數字截去，再從餘下的數中，減去個位數的 2 倍，如果差是 7 的倍數，則原數能被 7 整除。如果差太大或心算不易看出是否是 7 的倍數，就需要繼續上述「截尾、倍大、相減、驗差」的過程，直到能清楚判斷為止。例如：判斷 133 是否為 7 的倍數的過程如下：$13 - 3 \times 2 = 7$，所以 133 是 7 的倍數；又例如判斷 6139 是否為 7 的倍數的過程如下：$613 - 9 \times 2 = 595$，$59 - 5 \times 2 = 49$，所以 6139 是 7 的倍數，以此類推。

方法 3：一個多位數的末三位數與末三位以前的數字所組成的數的差，是 7 的倍數，那麼這個數就能被 7 整除。例如：280679 末三位數是 679，末三位以前數字所組成的數是 280，$679 - 280 = 399$，399 能被 7 整除，因此 280679 也能被 7 整除。

提問 7： 什麼數可以被 8 整除？

答案：要找到任何數字可被 8 整除，因所有 1000 的倍數都可被 8 整除，所以只要確認百位、十位與個位的數字，能否被 8 整除即可。如 1124，僅需確認 124 能否被 8 整除。再者如 1122324，僅需確認 324 能否被 8 整除。

提問 8： 什麼數可以被 9 整除？

答案：要找到任何數字可被 9 整除，可發現只要數字相加總和可被 9 整除，即可被 9 整除。例如，126，只要將 $1 + 2 + 6 = 9$，即可發現 126 可被 9 整除。

提問 9：什麼數可以被 10 整除？

　　答案：要找到任何數字可被 10 整除，僅需確認個位數字，是 0 即可。如 23670 即可被 10 整除。

提問 10：什麼數可以被 11 整除？

　　答案：

　　方法 1：要找到任何數字可被 11 整除，可發現只要奇數位數字相加減偶數位數字相加，可被 11 整除，即可被 11 整除。例如：123426，只要將 (1 + 3 + 2) – (2 + 4 + 6) = –6，即可發現 123426 無法被 11 整除。再如 4576，因 (4 + 7) – (5 + 6) = 0，即可被 11 整除。

　　方法 2：11 的倍數檢驗法也可用上述檢查 7 的「割尾法」處理！唯一不同的是：倍數不是 2 而是 1！例如：判斷 491678 能不能被 11 整除，49167 – 8 = 49159，4915 – 9 = 4906，490 – 6 = 484，48 – 4 = 44。44 能被 11 整除，所以得 491678 能被 11 整除。

　　方法 3：還可以根據 7 的方法 3 判斷。例如：283679 的末三位數是 679，末三位以前所組成的數是 283，679 – 283 = 396，396 能被 11 整除，因此 283679 就一定能被 11 整除。

提問 11：什麼數可以被 12 整除？

　　答案：要找到任何數字可被 12 整除，需同時滿足數字可以被 4 整除，以及其數字和能被 3 整除的條件。例如 912 可同時被 4 與 3 整除，須符合被 4 整除也須符合被 3 整除的條件，即可以被 12 整除。

提問 12：什麼數可以被 13 整除？

　　答案：

　　方法 1：若一個整數的個位數字截去，再從餘下的數中，加上個位數的 4 倍，如果和是 13 的倍數，則原數能被 13 整除。如果和太大或心算不易看出是否為 13 的倍數，就需要繼續上述「截尾、倍大、相加、驗和」的過程，直到能清楚判斷為止。例如：判斷

1284322 能不能被 13 整除。128432 + 2 × 4 = 128440，12844 + 0 × 4 = 12844，1284 + 4 × 4 = 1300，1300 ÷ 13 = 100。所以 1284322 能被 13 整除。

方法 2：前面檢查 7 的方法 3，也適用判定 13。

例如：判定 1284322 能不能被 13 整除，1284322 的末尾三位數是 322，末尾以前的數字所組成的數是 1284，322 – 1284 = –962。962 ÷ 13 = 74。所以 1284322 能被 13 整除。

 **活動 14** 破解蟲蛀法問題

教學概念

　　蟲蛀法問題會使四年級學生不知從何著手，在於蟲蛀法問題的難度不同，以下舉兩題較有深度的蟲蛀法除法問題來解說。

(1)
```
              □ □
        ┌─────────
    □ □ ) 1 9 7 1
          □ □ □
          ─────
            □ □
            □ □
          ─────
              0
```

解題步驟

步驟 1： 檢查 1971 可被哪一個二位數整除，先觀察 1 這個數字，在乘法表中，有 $1 \times 1 = 1$，或是 $9 \times 9 = 81$，或是 $3 \times 7 = 21$，才會產生個位數為 1 的數字。思考除數是二位數字，應該是 2□，而不是 1□。先假設除數為 27，商數為 □3，則答案為 81。

```
            □ 3
        ┌─────────
    27 ) 1 9 7 1
         □ □ □
         ─────
           8 1
           8 1
         ─────
             0
```

步驟 2： 因此，$197 - \square\square\square = 8$，$\square\square\square = 189$。而 $27 \times 7 = 189$，所以所有答案都可以算出。

```
              7 3
       ┌─────────────
   27 )  1 9 7 1
         1 8 9
       ─────────
             8 1
             8 1
       ─────────
              0
```

(2)
```
              □ 2 □
       ┌─────────────
  □□ )  □ 2 □ 2
         □ 2
       ─────────
         □ □ □
       ─────────
           □ □
       ─────────
           2 □ 2
           2 □ 2
       ─────────
              0
```

解題步驟

步驟 1： 檢查 □2□2 可被哪一個二位數整除，先觀察 2 這個數字，在乘法表中，有 $1 \times 2 = 2$，或 $3 \times 4 = 12$，$6 \times 2 = 12$，$6 \times 7 = 42$，$8 \times 4 = 32$，$8 \times 9 = 72$，才會產生個位數為 2 的數字。思考除數是二位數字，應該是 2□ 或 3□，而不是 1□。先假設除數為 $24 \times 8 = 192$，但答案需是 2□2，所以只有 $28 \times 9 = 252$，但是 $28 \times 4 = 112$，已超過二位數，不符合 □2，即千位數與百位數的需求，所以只可能為 3□。

```
              4 □ 9
       ┌─────────────
  28 )  □ 2 □ 2
         1 1 2      （不合）
       ─────────
         □ □ □
       ─────────
           □ □
       ─────────
           2 5 2
           2 5 2
       ─────────
              0
```

步驟 2：若是除數為 3□，則可能為 32 × 6 或 36 × 2。以下以 36 為例。

```
              2 □ 2
       ┌─────────────
    36 )□ 2 □ 2
         7 2
       ─────────────
         □ 0 □
       ─────────────
           □ □
       ─────────────
           2 □ 2
             7 2（不合）
       ─────────────
               0
```

步驟 3：36 無法滿足此條件。

```
              2 2 7
       ┌─────────────
    36 )□ 2 □ 2
         7 2
       ─────────────
         1 0 0
       ─────────────
           7 2
       ─────────────
           2 8 2
           2 5 2（不合）
       ─────────────
             3 0
```

步驟 4：以 32 為例。32 也無法滿足。

```
              6 □ 6
       ┌─────────────
    32 )□ 2 □ 2
         1 9 2    （不合）
       ─────────────
           □ □ □
       ─────────────
             □ □
       ─────────────
             2 □ 2
             1 9 2（不合）
       ─────────────
               0
```

步驟 5：以 42 為例。即可發現除數為 42，商數為 126 即可滿足此要求。

```
        1 2 6
42) □ 2 □ 2
    4 2
    1 0 9
      8 4
      2 5 2
      2 5 2
          0
```

步驟 6：以 42 為例。可將被除數與除數的答案算出。

```
        1 2 6
42) 5 2 9 2
    4 2
    1 0 9
      8 4
      2 5 2
      2 5 2
          0
```

第7章

整數四則的教學實務

　　有鑑於臺灣 108 年提出十二年國民基本教育提升數學素養的重要（教育部，2018），本章整理整數四則的課程標準、相關的文獻與相對應的教學活動。

一、課程標準：NCTM (2000) 與教育部 (2018) 的比較

數與計算	K-2 NCTM	臺灣數學能力指標
能熟練計算與進行合理估算	·使用多樣性的方法來計算，包括具體物操作、心算、估測、紙筆計算和計算機。	N-2-8 解題：兩步驟應用問題（加、減、乘）。加減混合、加與乘、減與乘之應用解題。不含併式。不含連乘。 R-2-2：三數相加，順序改變不影響其和：加法交換律和結合律的綜合。可併入其他教學活動。 R-2-4：加法與減法的關係：加減互逆。應用於驗算與解題。

數與計算	3-5 NCTM	臺灣數學能力指標
能熟練計算與進行合理估算	·能發展出更為熟練的乘法與除法的數字的運算概念，如可用心算來算出相關的問題，如 30×50。 ·能熟練非負整數的加、減、乘、除的運算。 ·能發展並能使用策略來估測非負整數的計算並能判斷結果的合理性。	N-3-6 解題：乘除應用問題。乘數、被乘數、除數、被除數未知之應用解題。連結乘與除的關係。(R-3-1) N-3-7 解題：兩步驟應用問題（加減與除、連乘）。連乘、加與除、減與除之應用解題。不含併式。

數與計算	3-5 NCTM	臺灣數學能力指標
	・能選擇適當的方法和工具，如從心算、估測、計算機與使用紙筆的方式，來依據使用的情境與計算的本質來選擇。	
理解運算的意義與運算的相互關係	・能了解不同意義的乘法與除法概念。 ・能了解非負整數相乘與相除的效用。 ・能確認與使用四則運算間的相互關係，如乘除法互逆，來解決問題。 ・能了解與使用不同的運算法則，如加乘法分配律等。	N-4-2 較大位數之乘除計算：處理乘數與除數為多位數之乘除直式計算。教師用位值的概念說明直式計算的合理性。 N-4-3 解題：兩步驟應用問題（乘除，連除）。乘與除、連除之應用解題。 R-3-1：乘法與除法的關係：乘除互逆。應用於驗算與解題。 R-4-2：四則計算規律 (I)：兩步驟計算規則。加減混合計算、乘除混合計算。在四則混合計算中運用數的運算性質。 R-5-2：四則計算規律 (II)：乘除混合計算。「乘法對加法或減法的分配律」。將計算規律應用於簡化混合計算。熟練整數四則混合計算。

整數四則的課程標準可分 K-2 與 3-5 兩個年段進行探討。

(一) K-2

於此階段，NCTM 的課程標準有一向度，一指標如下：

1 能熟練計算與進行合理估算

　　a. 使用多樣性的方法來計算，包括具體物操作、心算、估測、紙筆
　　　 計算和計算機

　　NCTM 課程指標從幼稚園到小學二年級，即鼓勵學生使用具體物、心算、估測、紙筆計算與計算機等五種方法進行四則運算；NCTM 課程指標重於採用多樣性的方法，如具體物操作、心算、估測、紙筆計算和計算機。具體物操作於國小一至五年級相當必要，於四則運算應用題型，學生需使用圖像理解題意，仍需使用具體物，如錢幣、花片、撲克牌、心算、紙筆計算與計算機。

　　計算機使用在於驗證紙筆計算的正確性，計算機的使用可從國小一年級開始，為有效的驗證數算、心算與紙筆計算的結果。具體物的操作依據為學生於一至五年級，即 7 到 11 歲為具體操作期，學生須使用數棒、錢幣、紙鈔等具體的操作方式以強化學生的數學學習概念，之後可將具體操作，轉化為心像，建立心算的能力，而非如臺灣現行課程只強調紙筆計算。如 N-2-8 兩步驟應用問題的解題方法。

　　而臺灣的數學課程標準，N-2-8 將解題列為重點，如兩步驟的應用問題，沒有提到具體物的操作方式，即未強調使用具體物、心算與計算機等的必要性，較注重於應用問題的解題方式。再者，於 R-2-2 與 R-2-4，提及加法結合律、交換律與加減互逆的關係，重視加法與減法的連結。最後於素養課程的趨勢，臺灣是否亦可參考將具體物操作、心算、估測、紙筆計算與計算機的課程列入課程標準。

(二) 3-5

　　於此階段，NCTM 的課程標準有二向度，8 個指標如下：

1. 能熟練計算與進行合理估算

　　a. 能發展出更為熟練的乘法與除法的數字的運算概念，如可用心算

來算出相關的問題，如 30×50。

b. 能熟練非負整數的加、減、乘、除的運算。

c. 能發展並能使用策略來估測非負整數的計算並能判斷結果的合理性。

d. 能選擇適當的方法和工具，如從心算、估測、計算機與使用紙筆的方式，來依據使用的情境與計算的本質來選擇。

依 NCTM 課程標準，首先能協助學生發展出更為熟練的乘法與除法的數字的運算概念，如可用心算來算出相關的問題，如 30×50。心算的概念即為一種有效率產生計算的方式，而這樣的方式需使用一些策略來進行。如 $6 \times 4 \div 3 = ?$，學生可用 $6 \div 3 = 2$，之後再 $\times 4$。

第二，學生能熟練非負整數的加、減、乘、除的運算，但是沒有規定是哪一種運算，如直式或橫式算則，但熟練運算很重要。

第三，能發展並能使用策略來估測非負整數的計算並能判斷結果的合理性，於此可看出合理性在於學生在未經計算，即知此答案合不合理，例如：$6 \times 4 \div 3 = 20$，此答案不合理，因為 $24 \div 3$ 一定小於 10。

最後著重於使用適當的方法來進行計算，如從心算、估測、計算機與使用紙筆的方式，來依據使用的情境與計算的本質來選擇。

臺灣的課程標準，如 N-3-6 解題：乘除應用問題；連結乘與除的關係 (R-3-1)。本指標的重點在於學生要理解乘數、被乘數、除數、被除數未知等不同的應用問題，學生要能解決不同類型的乘法與除法的應用問題，可參考第 5 章與第 6 章。而 R-3-1 則為乘除法的互逆關係。

再者，N-3-7 解題：兩步驟應用問題（加減與除、連乘）。本指標在於學生需建立兩步驟的解題能力，這些題型均與括號概念相關法則有密切相關，如分配律、結合律等。

從兩者的比較來看，美國的課程標準較重視乘法與除法的原理及與生活結合的重要性，但臺灣的課程標準仍注重以計算為主的教學方式。

2 理解運算的意義與運算的相互關係

a. 能了解不同意義的乘法與除法概念。

b. 能了解非負整數相乘與相除的效用。

c. 能確認與使用四則運算間的相互關係，如乘除法互逆來解決問題。

d. 能了解與使用不同的運算法則，如加乘法分配律等。

於理解運算的意義，NCTM 的課程標準著重不同意義的乘法與除法概念，乘法的不同題型，如面積性、群組性，學生要能理解乘法與加法的關係。除法的不同題型，如等分除與包含除。

再者，對於了解非負整數的乘法與除法的效用，什麼時候該使用乘法與除法的運算，會產生什麼結果，學生要能進行判斷。

第三，是能了解乘除法互逆的關係，而這樣的關係可協助學生進行計算以解決問題，例如：$15 \div 3 = 5$ 或 $15 \div 5 = 3$，都可有 $5 \times 3 = 15$ 的關係。

最後可以產生乘法分配律等高階應用的規則，而本章則是以括號應用的相關活動，在兩步驟加、減、乘、除所有題型均加以介紹。

臺灣的課程標準，如 N-4-2 較大位數之乘除計算；仍著重於數學計算的操作過程，教師要使用位值概念來說明直式計算，而美國課程標準並未提及直式算則。

其次，N-4-3 要求解題，使用二步驟應用問題。如 $5 \times 4 \div 2$，因為有兩個運算符號，所以定義為二步驟。而本單元列舉出所有二步驟運算包含括號在內的 28 種題型，完整說明二步驟的所有題型。

最後 R-3-1、R-4-2 與 R-5-2 對於乘除法互逆、乘除混合計算，提及分配律的概念，於此重視使用運算的性質與計算規律以簡化計算。

綜合上述，NCTM 課程重於乘法與除法的意義與相互關係，不同的運算法則，如結合律、分配律等。而臺灣的指標偏重在解題的應用題型，亦著重使用分配律等規則。

二、整數四則的理論依據

　　整數四則即為加減乘除的混合運算，但只要應用三個整數或是三個整數以上，即為二步驟或二步驟以上的計算，就有機會使用括號。括號概念的學習困難是可預期的，學生在學習括號的過程會產生系統性的錯誤（謝如山，2000）。於十二年一貫課程的學習階段，括號概念在數學運算上的重要性是老師在四至五年級教學的挑戰。

　　括號概念不僅可應用於整數、分數、小數、負數與代數的情境下，其意義在於簡化運算，破除了先乘除後加減的規定，並依其使用性，而有了五種用法：括號多餘的情況、結合律、分配律、符號改變與一定要用括號的情況（謝如山、潘鳳琴，2014，p243），如表 7-1。

(一) 括號多餘的使用

　　根據先乘除後加減的法則，乘法與除法比加法及減法有優先被運算的順序，然後依算式由而右算出答案。當使用括號時，括號內的數字必須先做，順序優於除法或乘法。但有時括號的使用並未提供較多的資訊，在這樣的情況時稱為括號多餘法則。例如：算式 $5 \times 3 + 2$ 與 $(5 \times 3) + 2$，在使用或是不使用括號的情況下都是相同的。

(二) 結合律的表現

　　括號的第二種用法是結合律。結合律的定義是不論數字組合的順序都產生同樣的結果。例如：算式 $(5 + 3) + 2 = 5 + (3 + 2)$，表示不論先做 $5 + 3$ 或是先處理 $3 + 2$，都能獲得同樣的結果。

(三) 分配律的情況

　　括號的第三種用法是以這個符號表示分配律。分配律的意義是不使用括號時，一個數字能個別分配給其他兩個數字，所產生的兩個數字結果能相加

或相減。例如：算式 5 × (3 + 2) = 5 × 3 + 5 × 2，括號的功能為 5 要同時與 3 及 2 相乘。

(四) 形成符號改變

括號的第四種用法是符號改變 (Lesgold, et al., 1987)。根據符號改變法則，當括號前面的符號是加法或是減法時，括號裡數字的符號便會改變。例如：算式 5 − (3 + 2) 與 5 − 3 − 2 相同，與算式 5 − 3 + 2 不同。同樣的，算式 6 ÷ 3 ÷ 2 與 6 ÷ (3 × 2) 相同，括號表示 6 要被 3 與 2 除，所以限定了 3 與 2 先要相乘。

(五) 一定要使用括號的情況

一定要使用括號的情況，很類似如分配律的使用情境，如 4 ÷ (3 + 2) 為一定要使用括號的算式，其答案與 4 ÷ 3 + 4 ÷ 2 並不相同。

謝如山 (2000; 2003a; 2003b) 發現括號多餘法則與結合律是較為簡單的概念，分配律較為困難，符號改變法則更為困難，而學生對於一定要使用括號的情況不清楚，顯示在教學需要更加注意，學生在這些不同概念的釐清則更為需要，因研究發現學生誤解的情況相當普遍。如表 7-2 為括號相關法則的層次圖形。

表 7-1　括號相關法則題型的分類

括號相關法則的類型	括號位於前二個數字的題型	括號位於後二個數字的題型
結合律的題型	1. $(5 + 3) + 2$ 2. $(5 + 3) - 2$ 3. $(5 \times 4) \times 3$ 4. $(5 \times 6) \div 3$	1. $5 + (3 + 2)$ 2. $5 + (3 - 2)$ 3. $5 \times (4 \times 3)$ 4. $5 \times (6 \div 3)$
分配律的題型	1. $(55 + 35) \times 3$ 2. $(3 - 2) \times 4$ 3. $(12 + 16) \div 4$ 4. $(8 - 4) \div 2$	5. $5 \times (3 + 4)$ 6. $6 \times (7 - 4)$
一定要使用括號的題型		1. $12 \div (4 + 2)$ 2. $12 \div (6 - 2)$
符號改變的題型		1. $60 - (35 + 20)$ 2. $5 - (4 - 3)$ 3. $16 \div (4 \times 2)$ 4. $24 \div (6 \div 2)$
括號多餘法則的題型	1. $(4 \times 5) + 7$ 2. $(4 \times 8) - 5$ 3. $(20 \div 4) + 5$ 4. $(20 \div 4) - 3$	5. $6 + (4 \times 5)$ 6. $28 - (6 \times 4)$ 7. $6 + (16 \div 4)$ 8. $5 - (12 \div 3)$

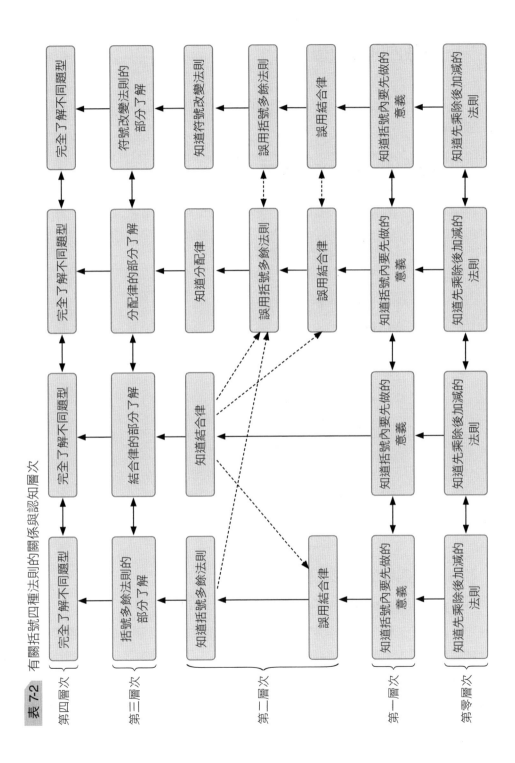

表 7-2　有關括號四種法則的關係與認知層次

第四層次
第三層次
第二層次
第一層次
第零層次

三、整數四則的教學

本節可分兩個部分，一為整數四則教學活動的階層，二為整數四則的教學活動。

(一) 整數四則的教學活動階層

二年級

活動 1：建立加法與減法關係

三年級

活動 2：建立乘法與除法關係

四年級

活動 3：為什麼要先乘除後加減

活動 4：為什麼要使用括號

活動 5：破解結合律

活動 6：破解分配律

活動 7：破解符號改變規則

活動 8：破解一定要使用括號概念的情況

活動 9：破解括號多餘法則

(二) 整數四則的教學活動

以下列舉整數四則的 9 個教學活動。

活動 1 是建立加法與減法關係：加法與減法的互逆關係是學生需理解的運算概念，本活動在於協助學生使用三個數字，理解運算後的相互關係，之後發現加法是減法的相反，即互逆的關係。

活動 2 是建立乘法與除法關係：乘法與除法的互逆關係是學生需理解的

運算概念，本活動在於協助學生使用三個數字，理解運算後的相互關係，之後發現乘法是除法的相反，即互逆的關係。

　　活動 3 是為什麼要先乘除後加減，先乘除後加減是在國小三年級就須建立的約定，當學生遇到乘法與加法或是減法與除法的兩步驟運算時，就會碰到到底哪一種運算要先做，而活動 1 是由實際的範例，說明為什麼要先做乘除法，之後再進行加減法的原由。

　　活動 4 是為什麼要使用括號，使用括號概念的目的就是要將先做的兩個數字先運算，而括號的運算會大於之前所建立的先乘除後加減的約定。當使用括號之後就會產生結合律、分配律等使用的特性。

　　活動 5 是破解結合律，如何教結合律，如何讓學生知道結合律的特性，關鍵在於讓學生知道結合律的本質為何，也就是結合律的算式意義在於兩種想法，而這兩個策略所得的答案都一樣。結合律有四種題型，本活動提供四種結合律的應用情境，亦使用圖像進行說明。

　　活動 6 是破解分配律，分配律的算式亦代表兩種解題策略的想法，而這兩種策略的想法會得到同樣的結果。分配律有六種題型，本活動提供六種結合律的應用情境，亦使用圖像進行說明。

　　活動 7 是破解符號改變規則，符號改變規則是學生很難接受的想法——為什麼符號要改變？同樣的，使用括號與不使用括號是兩種策略，本活動提供四種符號改變規則的應用情境，不同情境亦使用圖像說明。

　　活動 8 是破解一定要使用括號概念的情況，使用括號與不使用括號是兩種策略，本活動提供兩種一定要使用括號的應用情境，不同情境亦使用圖像說明。

　　活動 9 是破解括號多餘法則，括號多餘法則是學生很容易與其他法則誤用的情形，就是學生容易將括號視而不見，但真的可以視而不見的，僅限於八種情況，本活動提供八種括號多餘法則的應用情境，不同情境亦使用圖像說明。

活動 1　建立加法與減法關係

教學概念

　　如何建立加法與減法互逆的關係，為二年級學生重要的運算概念。

學習單設計

　　請使用三個數字，2、3、5，分別填入下面的 □ 中，你覺得應該要怎麼放呢？

　　　□　＋　□　＝　□

　　　□　＋　□　＝　□

　　　□　－　□　＝　□

　　　□　－　□　＝　□

　　你發現 2、3、5 有什麼關係呢？

　　答案：2　＋　3　＝　5

　　　　　3　＋　2　＝　5

　　　　　5　－　3　＝　2

　　　　　5　－　2　＝　3

　　2 與 3 可以相互交換，相加都等於 5；5 減 3 等於 2，5 減 2 等於 3。2 與 3 可以相互交換，但是知道 2 與 3 相加等於 5，知道 5 與 3 相減就可以求出 2，可以看出加法的相反就是減法。

活動 2　建立乘法與除法關係

教學概念

如何建立乘法與除法互逆的關係，為三年級學生重要的運算概念。

學習單設計

請使用三個數字，2、3、6，分別填入下面的 □ 中，你覺得應該要怎麼放呢？

$$\square \ \times \ \square \ = \ \square$$

$$\square \ \times \ \square \ = \ \square$$

$$\square \ \div \ \square \ = \ \square$$

$$\square \ \div \ \square \ = \ \square$$

你發現 2、3、6 有什麼關係呢？

答案：
$$2 \ \times \ 3 \ = \ 6$$
$$3 \ \times \ 2 \ = \ 6$$
$$6 \ \div \ 3 \ = \ 2$$
$$6 \ \div \ 2 \ = \ 3$$

2 與 3 可以相互交換，相乘都等於 6；6 除 3 等於 2，6 除 2 等於 3。2 與 3 可以相互交換，但是知道 2 與 3 相乘等於 6，知道 6 與 3 相除就可以求出 2，可以看出乘法的相反就是除法。

活動 3　為什麼要先乘除後加減

教學概念

　　先乘除後加減是在括號教學前很重要的運算概念，一般的運算是由左而右的順序進行，然而，先乘除後加減的約定破除了由左而右的運算規定，所以四年級的學生需建立這個新約定。

教學用具

　　錢幣、古氏數棒

提問順序

提問 1：　請問 $5 + 6 \times 3 = ?$

　　　　　答案：其實 $5 + 6 \times 3$ 可以有兩種算法

　　　　　算法 1：$5 + 6 \times 3 = 11 \times 3 = 33$

　　　　　算法 2：$5 + 6 \times 3 = 5 + 18 = 23$

如何證明算法 2 的答案合理

證明 1：　將乘法符號變成加法，算式為：

　　　　　$5 + 6 \times 3 = 5 + 6 + 6 + 6 = 23$，也就是算法 2 的答案，因為乘法是累加的概念，也就是 $6 \times 3 = 6 + 6 + 6$，所以乘法要先做。

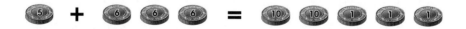

證明 2：　可以將算式看為應用問題：

　　　　　成翰有 5 元，已知筱筠的錢是成翰的錢多加 1 元的 3 倍，請問成翰與筱筠共有多少元？

成翰　　　　　　　　　　　　　　　筱筠

　　　　　算式為：$5 + 6 \times 3 = 5 + 18 = 23$

將 $5 + 6 \times 3$ 的算式成為應用題時，答案更加明顯，所以先乘除後加減不論從加減乘除的關係來看或是從應用題的解釋來看，都有其合理性。

提問 2： 請問 $5 - 6 \div 3 = ?$

由於除法是累減的關係，所以 $6 \div 3$ 是 6 可以被 3 減 2 次的概念。可以從應用題的概念來看出是否除法大於減法要先做。

程方有 5 元，老師將 6 元平分給筱筠與曉華兩人，請問程方比曉華多幾元？

算式為：$5 - 6 \div 2 = 5 - 3 = 2$

從應用題的解釋來看，先進行除法運算，確有其合理性，如圖。

活動 4　為什麼要使用括號( )

教學概念

　　括號的使用在於打破先乘除後加減的約定，也就是括號內的數字要先做。括號的使用也形成了分配律、結合律、符號改變等的規則，括號的概念也是四年級學生重要的課程。

教學用具

　　錢幣、古氏數棒

提問順序

提問 1：請問算式：$6 + 5 \times 3 = ?$

　　　　$6 + 5 \times 3 = 6 + 15 = 21$

　　　　應用題的設計可為：

　　　　曉林有 6 枝鉛筆，班上有 5 位同學各有 3 枝鉛筆，請問全班同學有幾枝鉛筆？

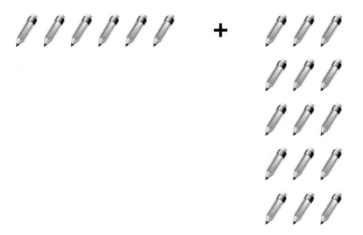

提問 2：若要將 $6 + 5$ 先做，可以如何做呢？

　　　　可以使用括號如下：

$(6 + 5) \times 3 = 18 + 15 = 33$

應用題設計：

曉林班上有 6 位同學，各有 3 枝鉛筆，仁華班有 5 位同學，也各有 3 枝鉛筆，請問兩個班級共有幾枝鉛筆？

由題意比較算式 $6 + 5 \times 3$ 與算式 $(6 + 5) \times 3$ 在意義上完全不同。

6×3　　　　　　　　5×3

活動 5　破解結合律

教學概念

　　結合律就是括號放在前面兩個數字與放在後面兩個數字，答案都一樣，也可以不使用括號。例如：$(5 + 3) + 2 = 5 + (3 + 2)$，就是結合律。結合律的英文是 the associative property，associate 這個字就是熟識，也就是說 $5 + 3$ 很熟，所以先加，而 $3 + 2$ 也很熟，也可以相加，但是不論誰先加，答案都一樣。結合律的代數表示就是 $(a + b) + c = a + (b + c)$。其實算式 $(5 + 3) + 2$ 與 $5 + (3 + 2)$ 代表兩種不同的解題方法，以下說明。

教學用具

　　錢幣、古氏數棒

提問順序

　　結合律有四種題型，以下從提問 1 到 4，分別敘述。

提問 1：結合律的 (+，+) 題型。

　　　　巧萱有 5 枝鉛筆，又買了 3 枝，之後媽媽給了 2 枝，請問一共有幾枝鉛筆？你可以找出兩種不同的解題方法嗎？

　　　　　　　5　　　　　　　　　3　　　　　2

　　＊解題策略 1：
　　先加 5 與 3，再加上 2，如算式：$5 + 3 = 8$，$8 + 2 = 10$。可將兩步驟併式為：$(5 + 3) + 2 = 8 + 2 = 10$。

*解題策略2：

先加 3 與 2，再加上 5，如算式：3 + 2 = 5，5 + 5 = 10，可將兩步
驟併式為：5 + (3 + 2) = 5 + 5 = 10。

從解題策略1與2可以發現 (5 + 3) + 2 = 5 + (3 + 2)。

提問 2：　結合律的 (+，–) 題型。

柏君有 5 枝鉛筆，又買了 3 枝，之後給了弟弟 2 枝，請問柏君剩下
幾枝鉛筆？你可以找出兩種不同的解題方法嗎？

*解題策略1：

先加 5 與 3，再減 2，如算式：5 + 3 = 8，8 – 2 = 6。可將兩步驟併
式為：(5 + 3) – 2 = 8 – 2 = 6。

給弟弟

*解題策略2：

先做 3 減 2，再加 5，如算式：3 – 2 = 1，5 + 1 = 6，可將兩步驟併
式為：5 + (3 – 2) = 5 + 1 = 6。

給弟弟

從解題策略 1 與 2 可以發現 $(5 + 3) - 2 = 5 + (3 - 2)$。

提問 3：　結合律的 $(\times，\times)$ 題型。

班上有 5 組同學，每組有 4 位同學，每位同學借了 3 本故事書，請問全班共借了幾本書？你可以找出兩種不同的解題方法嗎？

＊解題策略 1：

先將 5 乘 4，再乘 3，如算式：$5 \times 4 = 20$，$20 \times 3 = 60$。可將兩步驟併式為：$(5 \times 4) \times 3 = 20 \times 3 = 60$。

共有 5 組乘 4 人　　　　　　　　　　$20 \times 3 = 60$
共 20 人　　　　　　　　　　　共有 60 本書

＊解題策略 2：

先做 4 乘 3，再乘 5，如算式：$4 \times 3 = 12$，$5 \times 12 = 60$。可將兩步驟併式為：$5 \times (4 \times 3) = 60$。

每組有 $4 \times 3 = 12$ 本書

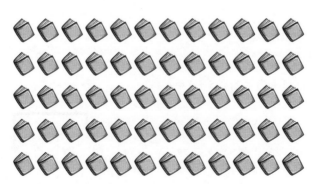

共有 5 組，共 $5 \times 12 = 60$ 本書

從解題策略 1 與 2 可以發現 $(5 \times 4) \times 3 = 5 \times (4 \times 3)$。

提問 4：結合律的 $(\times, \div)$ 題型。

曉華做了酥餅，每盤有 5 塊，共有 6 盤，要平分給 3 位同學，請問每人可以分到幾塊酥餅？你可以找出兩種不同的解題方法嗎？

＊解題策略 1：

先將 5 乘 6，再除 3，如算式：$5 \times 6 = 30$，$30 \div 3 = 10$。

可將兩步驟併式為：$(5 \times 6) \div 3 = 30 \div 3 = 10$。

先將 $5 \times 6 = 30$

平分為 3 份，每份 10 塊

＊解題策略 2：

先做 6 除 3，再乘 5，如算式：$6 \div 3 = 2$，$2 \times 5 = 10$。可將兩步驟併式為：$5 \times (6 \div 3) = 10$。

先將 6 盤平分 3 人

$5 \times 2 = 10$ 塊

從解題策略 1 與 2 可以發現 $(5 \times 6) \div 3 = 5 \times (6 \div 3)$。

活動 6　破解分配律

教學概念

　　分配律就是運用括號的符號時，所使用的一種數字拆解的策略。例如：$5 \times 8 = 5 \times (5 + 3) = 5 \times 5 + 5 \times 3 = 25 + 15 = 40$。結合律的英文是 the distributive property，distributive 這個字就是分配，也就是說 5 與 3 都各乘 5。因為 8 這個數字較大，可以拆解成 5 與 3。分配律的代數表示就是 $(a + b) \times c = a \times c + b \times c$。

教學用具

　　錢幣、古氏數棒

提問順序

　　分配律有 6 種題型，以下從提問 1 到 6，分別說明。

提問 1：分配律的 $(+, \times)$ 題型。

　　　　小吃店的餛飩麵賣 55 元，陽春麵賣 35 元，祐陵各買了 3 碗，共花多少元？

55 元　　　35 元

＊解題策略 1：

先將餛飩麵與陽春麵的價錢相加，再乘 3。

55 + 35　　　　55 + 35　　　　55 + 35

　　如算式：$55 + 35 = 90$，$90 \times 3 = 270$，可將兩步驟併式為：$(55 + 35) \times 3 = 270$。

＊解題策略 2：

先將 55 × 3 算出，再算出 35 × 3，如算式：55 × 3 = 165，35 × 3 = 105。

55 × 3　　　　　　35 × 3

可將兩步驟併式為：55 × 3 + 35 × 3，再將兩算式相加，165 + 105 = 270。從解題策略 1 與 2 可以發現 (55 + 35) × 3 = 55 × 3 + 35 × 3。

提問 2：　分配律的 (–，×) 題型。

有一塊草地，長 3 公尺，寬 4 公尺，小名要分出長 2 公尺，寬 4 公尺種滿百合花，請問剩下的面積是多少平方公尺？

＊解題策略 1：

先將草地的全部面積算出，再算出百合花的面積，

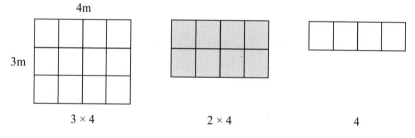

3 × 4　　　　　　　2 × 4　　　　　　　4

如算式：3 × 4 = 12，2 × 4 = 8，再相減得到：12 – 8 = 4。

可將兩步驟併式為：3 × 4 – 2 × 4 = 4。

＊解題策略 2：

先做 3 減 2，再乘 4，如算式：3 – 2 = 1，1 × 4 = 4，可將兩步驟併式為：(3 – 2) × 4 = 1 × 4 = 4。

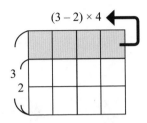

從解題策略 1 與 2 可以發現 $3 \times 4 - 2 \times 4 = (3 - 2) \times 4$。

提問 3： 分配律的 $(+, \div)$ 題型。

　　　　班上有穿制服者 12 人，穿便服者 16 人，每 4 位同學一組，請問全班可分幾組？

＊解題策略 1：

先將穿制服者分組，如 $12 \div 4 = 3$，再將穿便服者分組，如 $16 \div 4 = 4$。最後將兩組人數相加，$3 + 4 = 7$。

1	2	3		1	2	3	4

$12 \div 4$ 　　　　　　　　　　　　　$16 \div 4$

➡ $12 \div 4 + 16 \div 4 = 3 + 4 = 7$

＊解題策略 2：

先將穿制服者與穿便服者人數相加，如 $12 + 16 = 28$，再平分為 4 組，$28 \div 4 = 7$。可將兩步驟併式為：$(12 + 16) \div 4 = 28 \div 4 = 7$。

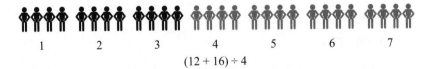

1　　　2　　　3　　　4　　　5　　　6　　　7

$(12 + 16) \div 4$

從解題策略 1 與 2 可以發現 $12 \div 4 + 16 \div 4 = (12 + 16) \div 4$。

提問 4： 分配律的 $(-, \div)$ 題型。

　　　　美珠有 8 束氣球，每 2 束分裝成 1 箱，其中有 4 束要送給明春作為生日禮物，請問剩下幾箱氣球？

＊解題策略 1：

先將 8 除 2，再減 4÷2，如 8÷2＝4，4÷2＝2，4－2＝2。

可將兩步驟併式為：8÷2－4÷2＝4－2＝2。

$$8 \div 2 = 4$$

$$4 \div 2 = 2$$
➡ $8 \div 2 - 4 \div 2 = 2$

＊解題策略 2：

先做 8－4，再除 2，如算式：8－4＝4，4÷2＝2。可將兩步驟併

式為：(8－4)÷2＝2。

$$8 - 4 = 4$$

$$4 \div 2 = 2$$

從解題策略 1 與 2 可以發現 8÷2－4÷2＝(8－4)÷2。

提問 5：　分配律的 (×，+) 題型。

　　1 株梅花有 5 朵，曉華拿到 3 株，林三拿到 4 株，請問共有幾朵梅花？

曉華　　　　　　　　　　　林三

*解題策略 1：

先將 5 乘 3，再加 5 乘 4，如 $5 \times 3 = 15$，$5 \times 4 = 20$，$15 + 20 = 35$。

可將兩步驟併式為：$5 \times 3 + 5 \times 4 = 15 + 20 = 35$。

$5 \times 3 = 15$

$5 \times 4 = 20$

➡ $5 \times 3 + 5 \times 4 = 15 + 20 = 35$

*解題策略 2：

先將 3 加 4，再乘 5，如 $3 + 4 = 7$，$7 \times 5 = 35$。可將兩步驟併式為：$5 \times (3 + 4) = 35$。

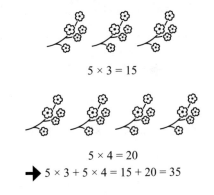

$3 + 4 = 7$

$7 \times 5 = 35$

➡ $5 \times (3 + 4) = 35$

從解題策略 1 與 2 可以發現 $5 \times 3 + 5 \times 4 = 5 \times (3 + 4)$。

提問 6： 分配律的 $(\times, -)$ 題型。

一串鈴鐺有 6 顆，志強拿到 4 串，小珍拿到 7 串，請問小珍比志強多幾顆鈴鐺？

志強　　　　　　　　　　　　　　　小珍

＊解題策略 1：

先將 6 乘 7，再減掉 6 乘 4，如 $6 \times 7 = 42$，$6 \times 4 = 24$，$42 - 24 = 18$。可將兩步驟併式為：$6 \times 7 - 6 \times 4 = 42 - 24 = 18$。

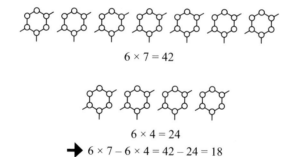

$$6 \times 7 = 42$$

$$6 \times 4 = 24$$

➡ $6 \times 7 - 6 \times 4 = 42 - 24 = 18$

＊解題策略 2：

先做 7 減 4，再乘 6，如 7 − 4 = 3，6 × 3 = 18。可將兩步驟併式
為：6 × (7 − 4) = 18。

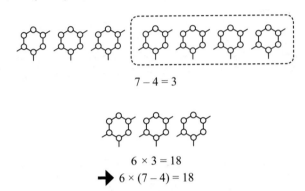

7 − 4 = 3

6 × 3 = 18

➡ 6 × (7 − 4) = 18

從解題策略 1 與 2 可以發現 6 × 7 − 6 × 4 = 6 × (7 − 4)。

 **活動 7** 破解符號改變規則

教學概念

　　符號改變規則是使用括號時，會碰到符號會變號的情況。例如：5 - 3 - 2 = 5 - (3 + 2)。比較使用括號與沒有使用括號的算式，減法會變成加法。學生通常無法理解為什麼符號會改變，事實上，符號改變只是一種解題策略的想法而已。

教學用具

　　錢幣、古氏數棒

提問 1： 符號改變規則的 (-，+) 題型。

　　藝林身上有 60 元，到便利商店買了一瓶可樂 35 元，之後要到文具店買一枝鉛筆 20 元，她還剩下幾元？

＊解題策略 1：

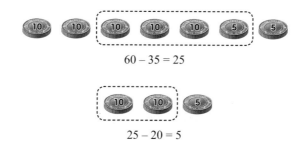

$$60 - 35 = 25$$

$$25 - 20 = 5$$

　　先用 60 元減掉買可樂的錢，再減掉鉛筆的錢，如 60 - 35 = 25，25 - 20 = 5。可將兩步驟併式為：60 - 35 - 20 = 5。

＊解題策略 2：

　　先將總共花的錢相加，如 35 元加上 20 元，再用 60 元減掉全部花

的錢，如 $35 + 20 = 55$，$60 - 55 = 5$。可將兩步驟併式為：
$60 - (35 + 20) = 5$。

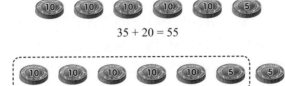

$$35 + 20 = 55$$

$$60 - 55 = 5$$

➡ $60 - (35 + 20) = 60 - 55 = 5$

從解題策略 1 與 2 可以發現 $60 - 35 - 20 = 60 - (35 + 20)$

提問 2：符號改變規則的 $(-，-)$ 題型。

　　　　藝琪有 5 個馬克杯，給了怡靜 4 個，之後爸爸又買了 3 個給她，請
問藝琪有多少個馬克杯？

藝琪　　　　　　　　　　　怡靜　　　　　　　爸爸

＊解題策略 1：

先將藝琪的馬克杯減掉給怡靜的，再加上爸爸買的，算出剩下的馬
克杯數量。

$$5 - 4 = 1$$

$$1 + 3 = 4$$

如算式：$5 - 4 = 1$，再相加得到：$1 + 3 = 4$。

➡ $5 - 4 + 3 = 4$

＊解題策略 2：

也可算出給怡靜的與爸爸買的，如 4 – 3 = 1，再將藝琪原來的相

加，如 5 – 1 = 4，可將兩步驟併式為：5 – (4 – 3) = 4。

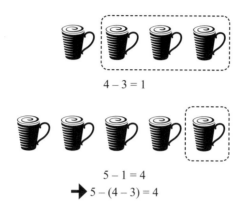

4 – 3 = 1

5 – 1 = 4

➡ 5 – (4 – 3) = 4

從解題策略 1 與 2 可以發現 5 – 4 + 3 = 5 – (4 – 3)。

提問 3： 符號改變規則的 (÷，×) 題型。

梅林水果店欲分裝 16 顆蘋果，平分成 4 盒，每一盒又需平分成 2

袋，請問每一袋有幾顆蘋果？

＊解題策略 1：

先將蘋果平分成 4 盒，如 16 ÷ 4 = 4，再將蘋果平分 2 袋，每一袋

有 2 顆蘋果，如 4 ÷ 2 = 2。可將兩步驟併式為：16 ÷ 4 ÷ 2 = 2。

$$16 \div 4 = 4$$

$$4 \div 2 = 2$$
➜ $16 \div 4 \div 2 = 2$

＊解題策略 2：

先算 4 盒共可以分成多少袋，有 $4 \times 2 = 8$ 袋。16 顆蘋果平分成 8 袋，每袋可以分到 2 顆蘋果，如 $16 \div 8 = 2$。可將兩步驟併式為：$16 \div (4 \times 2) = 2$。

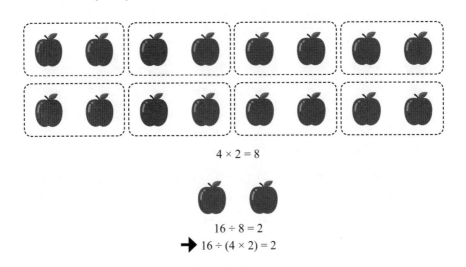

$$4 \times 2 = 8$$

$$16 \div 8 = 2$$
➜ $16 \div (4 \times 2) = 2$

從解題策略 1 與 2 可以發現 $16 \div 4 \div 2 = 16 \div (4 \times 2)$。

提問 4： 符號改變規則的 (÷，÷) 題型。

有 24 朵太陽花，平分成 6 箱，其中 2 箱的太陽花要做成禮盒，請問禮盒用了多少朵太陽花？

＊解題策略 1：

先將太陽花平分成 6 箱，如 $24 \div 6 = 4$，再乘 2，如 $4 \times 2 = 8$。

可將兩步驟併式為：$24 \div 6 \times 2 = 8$。

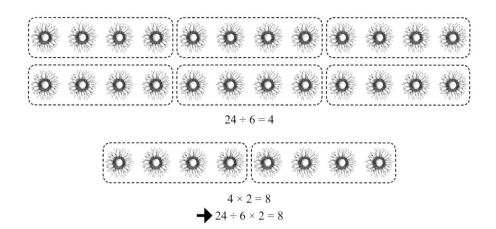

$$24 \div 6 = 4$$

$$4 \times 2 = 8$$
➡ $24 \div 6 \times 2 = 8$

＊解題策略 2：

先將 6 箱的太陽花，分成每 2 箱一份，可分成 3 份，再用 24 朵太陽花除 3，發現作為禮盒的太陽花為 8 朵。如 $6 \div 2 = 3$，$24 \div 3 = 8$。將兩步驟併式為：$24 \div (6 \div 2) = 8$。

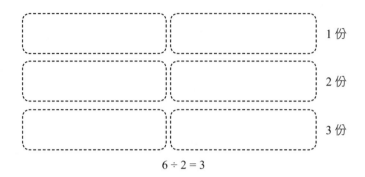

$$6 \div 2 = 3$$

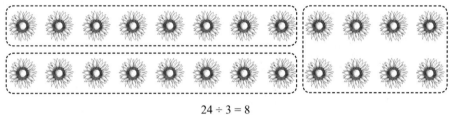

$$24 \div 3 = 8$$
➡ $24 \div (6 \div 2) = 8$

從解題策略 1 與 2 可以發現 $24 \div 6 \times 2 = 24 \div (6 \div 2)$。

活動 8　破解一定要使用括號概念的情況

教學概念

　　一定要使用括號的情況，只有兩種題型，而這兩種題型較類似於分配律，但是不具備分配律的特性，所以學生對於這兩種題型，需要經過計算來驗證沒有分配律的性質。

教學用具

　　錢幣、古氏數棒

提問順序

　　一定要使用括號的情況有 2 種題型，以下從題型 1 與 2，分別說明。

提問 1：　一定要使用括號的 (÷，+) 題型。

　　　　　班上有 12 位同學，剛好可以每組都有男生 4 人、女生 2 人，可以分成幾組？

＊解題策略：

先將每組的男生與女生人數相加，如 $4 + 2 = 6$，再用全部的人數除以男生與女生人數，如 $12 \div 6 = 2$。可將兩步驟併式為：

$12 \div (4 + 2) = 2$。

＊錯誤的解題策略：

有些同學可能會算成 12 ÷ 4 + 12 ÷ 2，但這變成有 3 組男生加上 6 組女生，共為 9 組。與原有題意完全不同。從上述可以發現：

$12 ÷ (4 + 2) ≠ 12 ÷ 4 + 12 ÷ 2$。

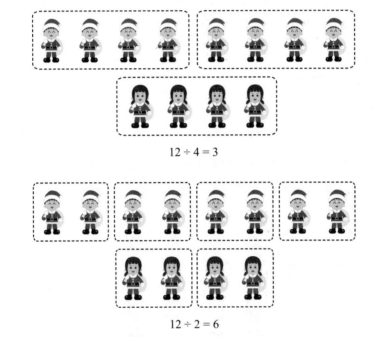

提問 2：　一定要使用括號的 (÷，−) 題型。

班上有 12 位同學，需要平分為 6 組，後來因園遊會場地有限，需少分 2 組，請問每組有多少人？

*解題策略 1：

先減掉 2 組，如 6 − 2 = 4，之後再用班上同學平分成 4 組，如 12 ÷ 4 = 3。可將兩步驟併式為：12 ÷ (6 − 2) = 3。

*錯誤的解題策略：

有些同學可能會算成 12 ÷ 6 − 12 ÷ 2，但這變成 2 組減掉 6 組，答案為 − 4。與原有題意完全不同。

從上述可以發現：12 ÷ (6 − 2) ≠ 12 ÷ 6 − 12 ÷ 2。

12 ÷ 6 = 2

12 ÷ 2 = 6

活動 9　破解括號多餘法則

　　括號的使用在一些情況下是多餘的，當順序為加法與減法，以及乘法與除法的運算時，不論使用括號，或是不使用括號，都可能是多餘的。但是括號的多餘使用可能會讓學生在使用分配律、符號改變規則時，錯誤地使用，如 $5 - (4 - 2) \neq 5 - 4 - 2$。除了結合律具備括號多餘的性質外，還有其他 8 種題型也有括號多餘的特性。

教學用具

　　錢幣、古氏數棒

提問順序

　　括號多餘法則有 8 種題型，以下從提問 1 到 8，分別說明。

提問 1：括號多餘的 (×，+) 題型。

　　　　兩津籃球隊有 4 組同學，每組 5 人，今年又增加了新隊友 7 位，請問共有多少位隊員？

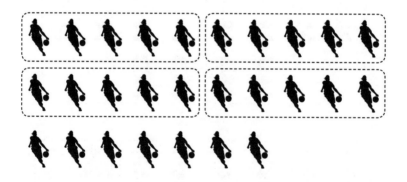

　　　　＊解題策略：

　　　　先將原有隊員算出，如 $4 \times 5 = 20$，再加新增人數，如 $20 + 7 = 27$。可將兩步驟併式為：$4 \times 5 + 7 = 27$。

　　　　也可使用括號如 $(4 \times 5) + 7 = 27$。

　　　　所以兩個算式均相等，如 $4 \times 5 + 7 = (4 \times 5) + 7$。

提問 2： 括號多餘的 (＋，×) 題型。

必勝排球隊有 6 位同學，同時要與其他 4 所學校聯合比賽，每所學校有 5 位同學，請問一共有多少人參加比賽？

＊解題策略：

先將其他學校人數算出，如 4 × 5 = 20，再加必勝隊人數，如 6 + 20 = 26。可將兩步驟併式為：6 + 4 × 5 = 26。

也可使用括號如 6 + (4 × 5) = 26。

所以兩個算式均相等，如 6 + 4 × 5 = 6 + (4 × 5)。

提問 3： 括號多餘的 (×，－) 題型。

小胖水果店有 4 箱水蜜桃，一箱有 8 顆，在理貨時，發現有 5 顆壞掉，請問剩下多少顆水蜜桃？

＊解題策略：

先將所有水蜜桃算出，如 $4 \times 8 = 32$，再減掉 5 顆壞的水蜜桃，如 $32 - 5 = 27$。可將兩步驟併式為：$4 \times 8 - 5 = 27$。

也可使用括號如 $(4 \times 8) - 5 = 27$。

所以兩個算式均相等，如 $4 \times 8 - 5 = (4 \times 8) - 5$。

提問 4： 括號多餘的 $(-，\times)$ 題型。

樂天棒球隊有 28 位球員，要分成 4 組進行訓練，現在每組只有 6 位球員，請問有多少隊員沒有參加訓練？

＊解題策略：

先將須分組的球員算出，如 $4 \times 6 = 24$。再將沒有比賽的隊員算出，如 $28 - 24 = 4$。可將兩步驟併式為：$28 - 6 \times 4 = 4$。

也可使用括號如 $28 - (6 \times 4) = 4$。

所以兩個算式均相等，如 $28 - 6 \times 4 = 28 - (6 \times 4)$。

提問 5： 括號多餘的 $(\div，+)$ 題型。

味全羽球隊有 20 位同學，平分成 4 組，其中一組又增加了新隊友 5 位，請問這一組後來有多少位隊員？

＊解題策略：

先將每一組隊員算出，如 20 ÷ 4 = 5，再加上其中一組新增人數，

如 5 + 5 = 10。可將兩步驟併式為：20 ÷ 4 + 5 = 10。

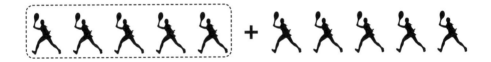

也可使用括號如 (20 ÷ 4) + 5 = 10。

所以兩個算式均相等，如 20 ÷ 4 + 5 = (20 ÷ 4) + 5。

提問 6：　括號多餘的 (+，÷) 題型。

　　　　小名已有 6 臺玩具車，叔叔買了 16 臺新的玩具車送給他與他的兄

　　　　弟 3 人。請問小名共有多少臺玩具車？

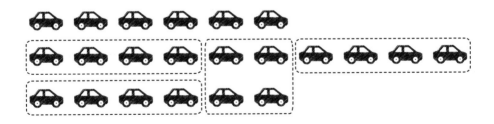

＊解題策略：

先將叔叔送給小名的車數算出，16 ÷ 4 = 4，再加小名原有的車

數，如 6 + 4 = 10。可將兩步驟併式為：6 + 16 ÷ 4 = 10。

也可使用括號如 6 + (16 ÷ 4) = 10。

所以兩個算式均相等，如 6 + 16 ÷ 4 = 6 + (16 ÷ 4)。

提問 7：　括號多餘的 (÷，−) 題型。

大雨水果店有 20 顆蘋果，平分成 4 盒，其中一盒，被吃掉了 3

顆，請問這一盒還剩下多少顆蘋果？

＊解題策略：

先將每盒蘋果顆數算出，如 20 ÷ 4 = 5，再減掉 3 顆被吃掉的蘋

果，如 5 − 3 = 2。可將兩步驟併式為 20 ÷ 4 − 3 = 2。

也可使用括號如 (20 ÷ 4) − 3 = 2。

所以兩個算式均相等，如 20 ÷ 4 − 3 = (20 ÷ 4) − 3。

提問 8：　括號多餘的 (−，÷) 題型。

紅葉棒球隊有 5 位選手到臺北市參加選拔，而臺北市參加決賽的棒

球選手有 12 位，平均來自 3 所學校，請問紅葉棒球隊比臺北市的

一所學校多出幾位選手？

＊解題策略：

先將臺北市一所學校有幾位選手算出，如 $12 \div 3 = 4$，再將紅葉的選手減掉臺北市一所學校的選手，如 $5 - 4 = 1$。可將兩步驟併式為：$5 - 12 \div 3 = 1$。

也可使用括號如 $5 - (12 \div 3) = 1$。

所以兩個算式均相等，如 $5 - 12 \div 3 = 5 - (12 \div 3)$。

參考書目

王昭惠（2015）。國小三年級學童正整數除法概念之理解與試題分析（未出版之碩士論文）。國立臺中教育大學。

吳明隆、陳火城（2007）。高雄市國小教師數學教學信念與自我知覺教學效能關係之研究。學校行政，48，113-132。

林易青（2006）。圖畫書融入數學教學對幼兒學習數概念效應之研究（未出版之碩士論文）。國立臺北教育大學。

林碧珍、蔡文煥（2007）。數學領域實習輔導教師專業標準指標的發展與建立之初探。新竹教育大學教育學報，24(2)，61-91。

李秀妃、呂玉琴（2011）。臺東職前教師的數學教學信念研究。東臺灣特殊教育學報，13，155-174。

李源順、林福來、呂玉琴、陳美芳（2008）。小學教師數學教學發展標準之探究：學者的觀點。科學教育學刊，16，627-650。

范欣茹、李心儀（2016）。大學師資生數學學習困擾與教學信念問卷之建構研究。教育論叢，4，47-60。

洪志成（1989）。國小數學科教師的信念及研究實例。國教之聲，23，26-30。

姚如芬、林佳穎（2003）。學校本位數學教學模組之發展與實踐—以國小四年級重量單元為例。科學教育學刊，11(3)，257-275。

涂金堂（2017）。國小教師數學知識信念量表之發展與信效度考驗。教育心理學報，49(2)，295-320。

袁媛（2001）。新竹地區學齡前幼兒數概念研究。明新學報，27，207-216。

教育部（2018）。十二年國民基本教育課程綱要：數學學習領域。教育部。

許惠欣（1992）。幼兒「該」如何學習數概念？—統合模式。私立光華女子高級中學。

陳彥廷、柳賢（2005）。前塵與展望：幼兒園幼兒數學教學之實際與反思。華醫學報，23，1-13。

陳彥廷、沈雅萍、許睿芸（2007）。創意的發想：幼兒數學「合成與分解」概念教學模組的設計。幼教資訊，202，26-36。

陳品華、陳俞君（2006）。幼稚園教師數概念教學知識之研究。當代教育研究，14（2），81-118。

陳瀅如（2011）。國小四年級乘除法情境式補救教學之探究（未出版之碩士論文）。國立嘉義大學。

曹博盛（2019）。八年級學生數學成就及相關因素探討。載於張俊彥（主編），國際數學與科學教育成就趨勢調查2019國家報告，309-391。國立臺灣師範大學。

張天慈（2006）。繪本對幼兒算數與幾何概念學習成效之研究（未出版之碩士論文）。國立中山大學。

張廣義（2005）。國民小學教師教關聯資本、教學信念、班級經營策略與教學（未出版之博士論文）。國立屏東教育大學。

張學禮（2015）。國小四年級學童之正整數乘除法概念問題（未出版之碩士論文）。國立臺南大學。

梁宗巨（1998）。數學歷史典故。九章。

莊淑琴（2002）。國小教師數學教學信念之研究。臺東師院學報，13(1)，201-231。

黃郁倫、鍾啟泉譯（2012）。佐藤學著。《學習的革命：從教室出發的改革》。天下雜誌。

黃堂瑋（2011）。國小三年級「遊戲式」除法補救教學之研究（未出版之碩士論文）。國立嘉義大學。

黃雅玲（2014）。國民小學專家教師教學信念與教學行為之個案研究（未出版之碩士論文）。國立臺中教育大學。

黃意舒（2002）。幼稚園課程之幼兒基本學習能力研究。國科會專題研究計畫成果報告，NSC 90-2413-H-133-005。

曾子瑛（2018）。故事融入國小三年級除法概念教學之個案研究（未出版之碩士論文）。國立臺中教育大學。

溫世展、呂玉琴（2004）。影響國小教師數學教學相關信念與教學是否一致之原因探討。國立臺北教育大學—數理與科技教育類，17(2)，23-51。

楊淑華（2013）。國小三年級學童除法解題策略與錯誤類型之分析研究—以高雄市一國民小學為例（未出版之碩士論文）。國立高雄師範大學。

潘世尊（2009）。幼兒數概念的發展：一所幼兒園的個案研究及其啟示。真理大學人文學報，8，111-139。

黎佳欣（2008）。角落情境下幼兒數概念發展之個案研究（未出版之碩士論文）。臺北市立教育大學。

蔡淑君、段曉林、邱守榕（2006）。數理教師對科學、數學與數理統整的態與信念。科學教育學刊，14，545-570。

蔡葉偉、朱芳美、桂亞珍（1998）。幼兒數概念的教學。北縣國教輔導，5，46-50。

甄曉蘭、周立勳（1999）。國小教師數學教學信念及其相關因素之探討。課程與教學，2(1)，49-68。

鍾靜、張淑怡、陳幸玫、陸昱任、戴坤邦（2012）。國小數學教師專業標準之建構。科學教育學刊，20(3)，217-239。

顏銘志（1996）。國民小學教師教學信念、教師效能與教學行為之相關研究（未出版之碩士論文）。國立屏東教育大學。

謝如山（2000）。從數的概念看九年一貫新課程教學設計。學校行政，7，48-55。

謝如山（2000）。括號學習的理論模式。藝術學報，66，149-166。

謝如山（2003a）。潛在分類模式在括號概念的應用。教育與心理研究，26(2)，277-304。

謝如山（2003b）。建構理念教學在括號相關法則的應用。國立臺北師範學院學報數理與科技教育類，16(2)，37-70。

謝如山（2014）。學童數學成就測驗—3-9歲。心理。

謝如山、潘鳳琴（2014）。數學教材教法—探究式教學。洪葉。

藍雪瑛（1995）。我國國民中學國文教師教學信念及形成因素之研究（未出版之碩士論文）。國立臺灣師範大學。

蘇素慧、詹勳國（2005）。實施九年一貫課程後國小教師數學教學信念與行為之研究。師大學報—教育類，50(1)，27-51。

Clark, C. M., & Peterson, P. L. (1986). Teacher's thought processes. In M. C. Wittrock (Ed.), *Handbook of Research on Teaching*, 3rd ed., 255-296. Macmillan.

Deng, F., Chai, C. S., Tsai, C C., & Lee, M H. (2014). The relationships among Chinese practicing teachers' epistemic beliefs, pedagogical beliefs and their beliefs about the use of ICT. *Educational Technology & Society, 17*(2), 245-256.

Elbaz, E. (1983). *Teacher Thinking: A Study of Practical Knowledge*. New York: Nichols.

Fennema, E., & Franke, M. U. (1992). Teachers' knowledge and its impact. In D.A. Grouws (Ed.), *Handbook of Research on Mathematics Teaching and Learning*, 147-164. Macmillan.

Gelman, R., & Gallistel, C. R. (1978). *The Child's Understanding of Number*. Harvard University Press.

Ginsburg, H. P. (2004)。進入兒童心中的世界。謝如山譯。五南。（原著出版於 1998 年。）

Hiebert, J., & Tonnessen, L. H. (1978). Development of the fraction concept in two physical contexts: An exploratory investigation. *Journal for Research in Mathematics Education, 9*, 374-378.

Hierbert, J., & Wearne, D. (1986). Procedure over concepts: The acquisition of decimal number knowledge. In J. Hiebert (Ed.), *Conceptual and Procedural Knowledge: The Case of Mathematics*, 199-223. Lawrence Erlbaum.

Koehler, M. S., & Grouws, D. A. (1992). Mathematics teaching practices and their effects. In D. A. Grouws (Ed.), *Handbook of Research on Mathematics Teaching and Learning*, 115-126. NCTM.

Kouba, V. L., & Franklin, K. (1993). Multiplication and division: Sense making and meaning. In R. J. Jensen (Ed.), *Research Ideas for the Classroom: Early Childhood Mathematics*, 103-126. Macmillan.

Lampert, M. (1986). Knowing, doing, and teaching multiplication. *Cognition and Instruction, 3*, 305-342.

Lesgold, S. B., Putnam, R. T., Resnick, L. B., & Sterrett, S. G. (1987). *Referents and Understanding of Algebraic Transformations*. Paper presented at the annual convention of the American Educational Research Association, Boston, MA.

Mullis, I. V. S., Martin, M. O., Foy, P., Kelly, D. L., & Fishbein, B. (2020). *TIMSS 2019 International Results in Mathematics and Science*. Retrieved from Boston College, TIMSS & PIRLS International Study Center website: https://timssandpirls.bc.edu/timss2019/international-results/.

National Council of Teachers of Mathematics (2000). *Principle and Standards for School Mathematics*. NCTM.

Piaget, J. (1965). *The Child's Conception of Number*. Norton.

Post T. R., Harel, G., Behr, M. J., & Lesh, R. (1991). Intermediate teacher's knowledge of rational number concepts. In E. Fennema, T. P. Carpenter, & S. J. Lanon (Eds.), *Integrating Research on Teaching and Learning Mathematics*, 177-198. SUNY press.

Raymond, M. A. (1997). Inconsistency between a Beginning Elementary School Teacher's Mathematics. *Journal for Research in Mathematics Education, 28*(5), 577-601.

Schaeffer, B., Eggleston, V. H., & Scott, J. L. (1974). Number development in young children. *Cognitive Psychology, 6*, 357-379.

Shulman, L. S. (1985). On teaching problem solving and solving the problems of teaching. In E. A. Silver (Ed.), *Teaching and Learning Mathematical Problem Solving: Multiple Research Perspectives*, 439-450. Laurence Erlbaum.

Shulman, L. S. (1986). Paradigms and research programs in the study of teaching: A contemporary perspective. In M. C. Wittrock, (Ed.), *Handbook of Research on Teaching*, 3-36. Macmillan.

Shulman, L. S. (1987). Knowledge and teaching: Foundations of the new reform. *Harvard Educational Review, 57*, 1-22.

Stipek, D. J., Givvin, K. B., Salmon, J. M., & MacGyvers, V. L. (2001). Teacher's beliefs and practices related to mathematics instruction. *Teaching and Teacher Education, 17*, 213-226.

國家圖書館出版品預行編目資料

素養導向：數學教學實務1／謝如山著. －－初
版. －－新北市：國立臺灣藝術大學；臺北市：
五南圖書出版股份有限公司, 2022.12
　　冊；　公分
ISBN 978-626-7141-22-9 (第1冊：平裝)
1.CST: 數學教育 2.CST: 教學設計 3.CST: 教學
法 4.CST: 中小學教育
523.32　　　　　　　　　　111018267

4I2A

素養導向：數學教學實務1

作　　者　謝如山

發 行 人　陳志誠

出版單位　國立臺灣藝術大學

地　　址　220新北市板橋區大觀路1段59號

電　　話　(02)2272-2181　傳　真　(02)8965-9641

總 策 劃　呂允在

執行編輯　吳秀純

共同出版　五南圖書出版股份有限公司

責任編輯　唐　筠

文字校對　許馨尹 黃志誠

內文排版　張淑貞

封面設計　姚孝慈

總 經 理　楊士清

總 編 輯　楊秀麗

副總編輯　張毓芬

出版經銷　五南圖書出版股份有限公司

地　　址　106臺北市大安區和平東路二段339號4樓

電　　話　(02)2705-5066　傳　真　(02)2706-6100

網　　址　https://www.wunan.com.tw

電子郵件　wunan@wunan.com.tw

劃撥帳號　01068953

戶　　名　五南圖書出版股份有限公司

法律顧問　林勝安律師事務所　林勝安律師

出版日期　2022年12月初版一刷

定　　價　新臺幣450元

GPN：1011101843